创新创业公司人力资源管理实战

郑 楠◎著

化学工业出版社

·北京·

内容简介

创业之路布满荆棘与机遇,"九死一生"可谓描绘了创新创业企业的艰辛。特别是在内外部环境高度不确定的今天,人才成为决定创新创业公司生死存亡与持续发展的关键要素。创始人需构建互补型联合创始人团队,并找到洞悉愿景、高效执行的 HRD(人力资源总监),以稳固市场地位。HR(人力资源工作人员)则身兼数职,不仅是招聘培训者,更是公司门面、创始人助手及员工后盾。面对纷繁复杂的工作任务,创始人与 HR 如何携手并进,才能共同探索出一条适合自身发展的创业之路呢?

本书经过精心编排,共分为四篇,全面而深入地探讨了创新创业公司人力资源管理的方方面面。第 1 篇创新创业公司的"人",解析不同时期企业的人才困境与对策,指导创始人与 HR 精准选才、稳才;第 2 篇创新创业公司的"团队",详解联合创始人选择与团队构建;第 3 篇创新创业公司的"人才战略",分析市场趋势,倡导新型管理模式,强化品牌,吸引人才;第 4 篇创新创业公司的"HR 能力修炼",强调 HR 的核心能力培养与自我发展路径,助力公司高效管理。

本书面向 AI 浪潮下的公司创始人、联合创始人等管理者以及人力资源从业者和有创业意向的人士,结合笔者多年的人力资源管理经验,为创新创业公司的发展提供一定的思路和指导,为公司长远发展保驾护航。

图书在版编目(CIP)数据

创新创业公司人力资源管理实战 / 郑楠著 . -- 北京 :
化学工业出版社,2025. 3. -- ISBN 978-7-122-47064-5

Ⅰ. F272.92

中国国家版本馆 CIP 数据核字第 2025CA9289 号

责任编辑:夏明慧 刘 丹 　　　　装帧设计:溢思视觉设计 / 程超
责任校对:赵懿桐

E-mail: isstudio@126.com

出版发行:化学工业出版社(北京市东城区青年湖南街 13 号 邮政编码 100011)
印　　装:三河市双峰印刷装订有限公司
710mm×1000mm 1/16 印张 13¾ 字数 148 千字
2025 年 3 月北京第 1 版第 1 次印刷

购书咨询:010-64518888 　　　　　　售后服务:010-64518899
网　　址:http://www.cip.com.cn
凡购买本书,如有缺损质量问题,本社销售中心负责调换。

定　　价:69.80 元 　　　　　　　　　　　　版权所有　违者必究

2023 年初，我毅然决然地离开了自己深耕二十年的 HR 岗位，在年届不惑之时踏上了创业征途。这份勇气源自一个朴素的初心——为科技创业者提供最为专业、细致且高效的人力资源解决方案，旨在减轻创业者们在"人事"管理上的负担，加快企业成长步伐。

作为拥有二十年职场经验的资深 HR，我曾在百度、腾讯等巨头企业亲历从无到有的业务拓展过程，也为普渡、云鲸、炬星等机器人及智能硬件领域的创新企业成功猎聘核心人才，见证了这些企业如何在短短数年间，从初创的几十人团队迅速成长为拥有成百上千名员工的行业新星。然而，直到自己投身创业洪流，我才深刻体会到企业成长的艰辛与挑战，也更加坚信，一定存在一种更为智慧且高效的方法来优化管理者、员工与 HR 三者之间的关系。

基于此，我撰写了这本《创新创业公司人力资源管理实战》，旨在为创新创业公司的人力资源管理工作提供实战指南。全书划分为 4 篇，全面覆盖了创新创业公司在不同发展阶段的人力资源挑战与应对策略。

第 1 篇：创新创业公司的"人"。本篇深入剖析了创新创业公司在生存期、发展期和突破期可能遇到的各种人才问题，如人手不足、团队配置失衡、人才流失以及专精人才引进难等。针对这些问题，分别向创始人和 HR 提出了有针对性的建议。创始人需具备敏锐的识人眼光和战略眼光，能够精准选择并培养适合公司发展的人才；而 HR 则需充分发挥专业优势，制定有效的人才吸引和留任策略，为公司构建稳定且高效的人才队伍。

第2篇：创新创业公司的"团队"。本篇聚焦于创新创业公司的团队组建工作，重点探讨了联合创始人的选择以及团队成员的招募与配置。本篇强调了联合创始人的重要性，并提供了寻找和评估联合创始人的实用方法。同时，针对团队成员的招募，我分享了如何制定清晰的 BP（商业计划书）、选择合适的招聘渠道以及进行有效的沟通谈判等技巧，帮助创始人构建一支优势互补、战斗力强的核心团队。

第3篇：创新创业公司的"人才战略"。随着市场竞争的加剧，创新创业公司必须树立长远的人才战略意识，加强品牌建设。本篇首先分析了当前人才市场的趋势和变化，提出了轻薄型组织、乐高型人才等新型人才管理模式的概念。随后，深入探讨了如何通过品牌建设来吸引和留住优秀人才，包括提升公司文化、打造良好的工作环境以及建立有效的激励机制等。此外，还强调了创新创业公司在初期就应树立品牌意识，以便在未来更好地与竞争对手区分开来。

第4篇：创新创业公司的"HR 能力修炼"。作为创新创业公司的重要支持力量，HR 的能力和素质直接影响公司的人力资源管理水平。本篇主要探讨了创新创业公司的 HR 应具备的核心能力，包括业务认知能力、沟通协调能力、战略规划能力等。同时，我还为 HR 提供了自我提升的路径和方法，如参加专业培训、积累实战经验、拓展人脉资源等，鼓励 HR 不断学习新知识、新技能，以适应公司快速发展的需求，并为公司的人力资源管理贡献更大的力量。

本书内容翔实，语言通俗易懂，辅以大量真实的创新创业公司的案例，帮助读者明确创新创业公司人力资源管理工作的重难点，以及如何在各项工作中不断提升人才审美能力，助力公司稳步发展。

著者

第4篇 创新创业公司的"HR能力修炼"

第9章 业务认知：HR必须懂业务

第1篇

创新创业公司的『人』

第1章
不同时期的人才困境

　　对于处在起步阶段的创新创业公司来说，组建可靠的创业团队，吸引适配公司的优秀人才是头等大事。可靠的创业团队能够帮助公司度过最为艰难的初创时期，使公司得以生存下来并实现长远发展。而适配公司的优秀人才能够与公司同频共振，利用自身优势提升公司的竞争实力，帮助公司在市场上站稳脚跟，扩大份额。需要注意的是，适配不是最好，也不是更好，而是刚刚好。

　　人才与团队很重要，创新创业公司要格外重视人才选拔和团队组建。本章以笔者过往服务的300余家创新创业公司组建团队过程中出现的与"人"相关的问题为导向，总结创新创业公司在生存期、发展期和突破期可能会遇到的各类人才困境，助力创业者提高团队组建效率，甄选出优秀的人才，更加科学地创业。

1.1 生存期：创业团队的可靠性

在生存期，"活下去"是创新创业公司的首要目标。创业团队中的成员往往身兼数职，一专多能。为了提升创业团队的可靠性，处于生存期的创新创业公司必须警惕四类典型问题，为后续发展打下良好的基础。

1.1.1 人手不足：创始人分身乏术

在创业初期，公司业务刚起步，创业团队的精力往往放在资金、技术以及核心业务的增长上。出于成本考虑，创始人往往会兼任 HR，但这并非长久之计。

一方面，HR 需要处理薪酬发放、考勤管理、绩效考核以及五险一金办理等基础性事务。而大部分创始人不具备这方面的专业知识，需要另外花费大量的时间和精力对之进行了解。如果处理不当，甚至可能会引起法律纠纷，后患无穷。

另一方面，创始人对员工的了解并不充分。新员工的工作能力、态度究竟如何，能否与创始员工融洽相处，这些都是未知数。如果创始人为了增加了解而定期与员工沟通，势必会分散他的精力，从而影响公司核心业务的推进。最终会导致两种情况：一种是公司无法留住员工，只能重新招聘；另一种是公司的核心业务进展缓慢，错过发展机会。

笔者建议生存期的创新创业公司的创始人可以选择一个专业的人力资源外包团队，协助公司进行员工招聘、考核等人力资源管理相关的工作。

人力资源外包具备诸多优势。首先，专业的人力资源外包团队能够结合自身的经验、资源以及公司的具体情况，建立一套适配创新创业公司的人力资源体系，协助公司处理人力资源领域的基础工作，使得创业团队能够集中精力，聚焦业务发展。

其次，外包团队能够更加专业地负责公司的人事管理工作，通过定期与员工沟通，及时了解员工诉求，并反馈至创业团队或公司管理层，成为创业者的"第三只眼"。如此一来，公司就能够避免因组织管理和人事管理中的错漏、信息不畅等而导致出现员工满意度下降，甚至离职的问题，从而降低员工流失率。

再次，创新创业公司能够学习外包团队的专业知识和经验，为公司未来的人力资源部门建设奠定基础。创业者、创始团队可以通过"外部导师"学习丰富的专业知识，提升自己的管理能力。

最后，外包团队能够使公司员工接触到丰富多样的公司文化。创新创业公司能够通过广泛学习和借鉴外包团队的工作范式，逐步形成自身独有的公司文化。

创新创业公司应当如何与人力资源外包团队接触并授权相关事务呢？可以从以下几个方面入手。

（1）明确什么业务可以进行外包

人力资源管理工作通常分为事务性、专业性和变革性三类。事务性工作包含员工档案管理、社保缴纳、考勤管理等。专业性工作包含员工招聘、绩效考核、职业规划与培训、激励机制优化、工作分析等。变革性工作包含公司内部组织优化、工作流程再造等。

一般来说，创新创业公司在培养员工、发展人才方面无法投入很多时间和精力，故对员工自身的能力格外看重。创新创业公司需要的是"尖刀式"员工，即在某一个岗位、职能上能力突出，同时具有创新精神的员工。因此，员工招聘、绩效考核、薪酬管理等专业性工作可以交给外包团队处理。

我国法定的五险一金缴纳工作也可以交给外包团队处理。五险一金是很多员工颇为关心的基础性、原则性福利，一旦出现问题，很容易影响公司声誉，进而影响接下来的员工招聘工作和业务开展，因此，初创公司需格外注意。例如，某公司在人力资源管理工作方面出现疏漏，导致员工社保断缴，进而影响了员工购房、落户等切身利益，员工由此产生负面情绪，对公司很不满，工作积极性大幅下降，也会影响公司业务的开展。

（2）如何选择外包公司

当下，互联网技术迅猛发展，通过网络寻找并联系人力资源外包公司不难，但关键在于如何选择合适的外包公司。创新创业公司可以从以下两点进行综合考量。

① 算好账，从成本角度考虑。一方面是绝对成本的大小。如果创始人有招聘、管理员工的经验，那么可以根据自己在这些工作中投入的时间、精力，进行劳动成本的折算，并与外包公司给出的报价进行比对。

另一方面是成本和收益的相对大小。如果公司当下的核心业务需要依靠某一领域的专业人才或足够数量的员工来推进，就不必计较眼下的成本，而是需要从五险一金、办公行政成本和未来员工替换的成本等角度进行综合考虑，评估成本和收益的相对大小。

② 信誉。薪酬管理、工作分析等人力资源工作涉及公司机密，创新创业公司在将其交给外包公司处理之前，必须对外包公司的可靠性进行调查。在与外包公司合作后，初创公司还要对其进行约束和管理。创新创业公司需要与外包公司进行反复沟通，了解其过往服务经验，确认其是否严格遵守我国相关法律法规以及保密原则，是否有针对外包业务的长期承诺等，降低公司机密被泄露的风险。

在此基础上，公司需要和外包公司签订详细的合同，明确双方的责任范围，定期检查外包公司的工作效益。同时，还需要拟定外包公司退出机制和备选方案，在外包公司出现服务质量下降或无法继续提供服务的情况时及时交接相关工作，防患于未然。

（3）与员工充分沟通，确保外包团队丝滑落地

创新创业公司尚未形成强大的内部凝聚力，员工对公司的归属感不强，贸然引入外包公司容易引起员工的猜忌，影响工作情绪，降低工作效率，甚至可能引发内部冲突、员工离职等问题。因此，公司必须和员工进行充分的沟通，使其明白公司引入外包团队的原因，为员工答疑解惑，确保内部人心安定。

此外，当外包团队及相关人员进入公司后，创业团队可以通过员工访谈、绩效考核等方式持续关注内部员工的工作状态，确保各部门职责合理分配，促使外包团队与内部员工协同合作。

综上所述，针对生存期创新创业公司人手不足和人力资源专业度不高的问题，创始人及创业团队可采取将部分业务外包的方式解决燃眉之急，

并在与外包公司合作的过程中汲取专业经验，逐步建立适合公司的人力资源管理体系。

1.1.2　理解片面：预期过高的求职者

公司需要了解求职者的心理活动，尤其是他们对创新创业公司的片面理解。许多求职者认为，创新创业公司能够提供的工作机会应该具有较大的自由度，内部充满活力，能够赋予员工无限的创造力和可能性。然而，创新创业公司的发展往往伴随着不可预知的风险，调整、转型甚至重启的情况随时可能出现，这些是许多求职者想不到的。

在这种片面理解的影响下，求职者会理所应当地认为，自己放弃了短期利益，来到一家处于生存期的公司是作出了很大牺牲的。基于此，求职者觉得自己应该获得长期、巨大的经济回报。

如果不能深刻认识到创新创业公司面临的挑战，这些预期过高的求职者就会在进入公司后因巨大的心理落差而产生情绪波动，进而影响工作质量。这既不利于公司的稳健发展，也会对求职者个人的职业成长造成阻碍。

由此可见，对于创新创业公司来说，理想的员工既要具备与公司适配的专业技能，更要具备积极的工作态度。下面着重从"态度"这一维度盘点创新创业公司需要引入的员工应具有的特征。

（1）对自己负责

所谓对自己负责，是要求求职者慎重选择、敢于担当，能够为自己选择进入创新创业公司的决定负责。

预期过高或抱有"代偿心理"的求职者进入创新创业公司后流失率很高。为避免反复招聘，浪费不必要的成本，公司需要在招聘阶段与求职者进行充分的沟通，确保其知晓公司面临的风险和压力，仍愿意进入公司挑战自我，与公司共同成长。

(2) 做事精益求精，及时复盘

这一特征可拆分为两个方面。一方面，求职者进入公司后需要对自己的工作始终保持高标准、严要求。这不仅要求其在工作中不出错、少出错，还要求其在发现错误后能够及时复盘改进，吸取教训。

另一方面，求职者要具备足够的耐心，能对自己负责的工作进行深入、系统的理解和学习。这个过程无疑是枯燥且困难的，如果求职者没有足够的耐心，就无法突破瓶颈、提升自我，也就不能推动公司创新和发展。

做事精益求精，不仅能够提升员工、部门之间工作对接的顺畅程度，还能够形成认真负责的工作氛围，从而提升公司整体的工作质量，促进公司进一步发展。

(3) 心态稳定正向，开放积极

如今有一个网络热词叫作"情绪稳定"，这对于创新创业公司的员工来说是一种不可或缺的宝贵品质。创新创业公司的员工，无论是高层领导还是基层员工，都承载着助力公司成长的重担，从战略规划到业务执行，每一步都凝结了他们的热情与心血。

然而，人的情绪如同弹簧，过度紧绷只会加速其断裂。因此，创新创业公司所需的员工应当学会保持稳定、积极的工作心态，无论面对何种变化都能保持冷静，既不为成功而骄傲自满，也不因失败而过度焦虑。情绪稳定并非意味着消极懈怠，而是专注于工作本身，不被情绪所左右。故在招聘过程中，公司应特别关注求职者的性格特质和抗压能力。

（4）具备超强的协作精神

创新创业公司处于发展的初级阶段，其组织架构和职责划分往往不如成熟企业那般清晰。各部门员工通常需要了解其他部门的工作内容，这样才能确保工作对接顺利、避免"返工"。这就需要求职者具备协作精神，在以后的工作中多为合作伙伴着想，有任何问题及时沟通协调，在协作中建立良好的合作关系和深厚的情感基础。

公司需要向求职者明确传达一个信息——尽管公司已经进行了详尽的市场调研和规划，但初创阶段的风险和挑战不可避免。因此，只有那些具备上述四种特点的人才，才能真正适应并融入公司。因此，在招聘阶段公司就应深入了解求职者的性格特质、工作态度和期望，确保所招聘的员工能够与公司的文化和需求相契合，为公司的稳定发展提供坚实的保障。

1.1.3　合伙创业：团队配置过于"豪华"

许多创始人在创业之初都怀揣着构建"梦之队"的崇高愿景，但过度追求"豪华"的创业团队配置，往往可能事与愿违，甚至会阻碍公司发展。下面将从团队成员背景和岗位配置两个方面，深入剖析"豪华"团队配置可能带来的潜在问题。

（1）团队成员背景过于"豪华"

为了提高公司的知名度和吸引力，部分创始人倾向于选择来自行业内知名大公司的资深管理者作为合作伙伴。然而，这些资深管理者往往习惯了在发展成熟、体系完善的大公司中工作，他们的工作流程和风格可能并不适用于创新创业公司。此外，这些资深管理者往往对薪资和福利有较高的要求，因此，创始人需要考虑是否能够承担较高的人力成本。

同时，背景过于"豪华"的团队成员还会给公司股权、领导权分配带来挑战。如果创始人没有足够强大的能力和威信，就很难"驾驭"这些背景"豪华"的团队成员，可能导致团队内部产生不必要的摩擦和消耗，进而影响公司核心业务开展。

（2）团队岗位配置过于"豪华"

有些创始人受到过往工作经历的影响，倾向于在创业团队中设置完善的岗位机制和层级规划。然而，在生存阶段，公司的主要任务是进行市场调研、收集并分析数据，以研发符合市场需求的产品和服务。因此，与核心任务不直接相关的岗位配置其实是没有必要的。过于"豪华"、超出早期业务需求的岗位配置不仅会增加公司的运营成本，还会给外界留下"华而不实"的印象，投资人往往会对这类公司保持警惕。由此可见，团队岗位配置过于"豪华"会影响公司顺利融资。

综上所述，创始人在组建创业团队时，务必实事求是，根据公司现阶段的业务需求和资金情况选择团队成员。创始人应以"精益创业"为核心理念组建团队，将有限的资源用于公司的核心业务和关键环节上，从而提高公司的生存概率和市场竞争力。

1.1.4 "南郭先生"：团队成员空有背景

有背景的团队成员往往具备丰富的工作经验和大量业内外人脉。对于创新创业公司来说，这类成员是极为宝贵的，他们不仅能够为公司吸引更多优质人才，还能增强投资者对公司的信心，有助于融资顺利进行。

然而，我们也不能忽视一个事实，那就是部分背景光鲜的团队成员可能并不具备与创新创业公司相匹配的实际能力。他们可能空有华丽的背景，但对公司的战略规划、业务细节等知之甚少。对于创新创业公司来说，这样的"南郭先生"无疑是一个隐患，他们往往无法胜任关键岗位。但出于融资的考虑，部分创始人可能还是会选择这样的成员，希望他们的背景能为公司吸引投资者。

成熟的投资者并不会仅仅因为团队成员的背景而轻易做出投资决策，他们更倾向于通过深入访谈，了解团队成员的专业能力和实际贡献后作出投资判断。因此，创始人的选人能力也是衡量公司综合实力的重要指标之一。如果团队中存在"南郭先生"，投资者可能会质疑创始人的选人能力，进而影响其对公司的整体评价，甚至可能导致融资失败。

因此，创始人在组建创业团队时，必须擦亮双眼，全面评估每一位准创业伙伴。以下是一些有效甄别创业伙伴的方法。

（1）充分沟通，多谈细节

创始人往往很了解公司的业务诉求，所以可以围绕公司的具体业务，与准创业伙伴进行多次沟通，通过向其询问业务细节来判断其是否符合公司的需求，能否帮助自己开展业务。

（2）多场景接触，全面了解

创业伙伴是会接触到公司核心机密的关键成员，创始人不仅要了解其专业能力，还需了解其个人性格和家庭背景。因此，创始人可以组织一些活动，如聚餐、爬山、打球等，邀请准创业伙伴参加，以观察其在不同场景下的表现。此外，如果是很重要的核心创业伙伴，创始人还需要和其家人接触，以了解其家庭情况。

（3）求助投资人，辅助了解

如果创始人自身的识人经验不足，可以寻求经验丰富的投资人和人力资源专家的帮助。投资人和人力资源专家的工作性质使其积累了丰富的识人经验，能够帮助创始人选择合适的创业伙伴。目前市面上有许多提供投资服务的公司，它们的业务之一就是帮助进入融资阶段的公司寻找优质的创业伙伴。创始人可以多方比对，结合个人经验做出选择。

综上所述，创始人在组建创业团队时，需要从多方面考虑，不能仅关注成员的背景，还要综合考虑其专业能力、个人性格、家庭背景等多个方面，以确保团队的整体实力和凝聚力，为初创公司的成功奠定坚实的基础。

1.2 发展期：既要招人，也要留人

进入发展期的创新创业公司已经积累了第一批关键用户，对公司的市场定位和发展方向也有了一定的规划。在这一阶段，公司需要建立相对完善的人力资源管理体系，优化员工配置，招聘新人，为核心业务的进一步开展提供充足的人手。

创始人需要注意的是，处于发展期的公司在选人方面要更加严格，还要关注新老员工的磨合情况。本小节汇总了创新创业公司在发展期可能会遇到的三类典型问题，下面将逐一讲解。

1.2.1 迷茫期：人才需求模糊不清

在发展期，公司的核心业务已基本明确，下一步就是扩大业务规模，提升市场竞争力。为了达成这一目标，公司需要吸纳更多的员工，人手不足的问题亟待解决。

然而，许多创始人只知道公司缺少人手，但不知道缺少什么样的人手就盲目开始招聘。这样招进来的员工既不能做好业务，又无法发挥自己的价值，因此流失率极高。公司人手不足的问题不仅未得到解决，还可能使发展受阻。

因此，创新创业公司在进行员工扩招之前，需要先明确当前的人才需求。具体来说，可以按照以下两个步骤明确公司当前的人才需求，做好招聘前的准备工作。

（1）明确公司价值观

在生存期，公司可能无暇规划公司愿景、文化，但是进入发展期，公司就应构建公司愿景、文化。创始人需要结合自身性格、公司业务、发展历程以及未来目标等，确定公司文化的整体基调，明确公司期望员工应具备的品质。毕竟员工的能力可以培养，但价值观是一个人的底色，很难改变。

创新创业公司需要在招聘信息中表明公司文化与价值观。一方面，价值观能够作为公司吸引合适人才的一大优势，对公司文化和价值观高度认同的员工会心甘情愿地为公司效力。另一方面，创新创业公司需要依据文化和价值观筛选人才，确保公司的文化基调相对稳定，给用户留下一个统一且深刻的印象。

（2）规划人才梯队

虽然创新创业公司很难做到专人专事，但必要岗位、辅助岗位等基本的岗位规划必须具备。基于此，公司可搭建一个简易的人才"金字塔"模型，如图 1-1 所示。

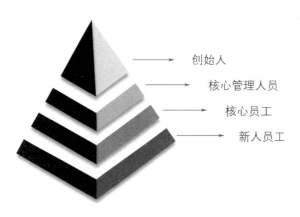

图 1-1 人才"金字塔"模型（初级版）

核心管理人员基本上由创始员工担任，他们对公司的核心业务、工作流程足够了解。当员工规模逐渐扩大后，他们就需要着手员工管理、培养以及公司战略规划等工作。

核心员工是从公司处于生存期时就加入公司，并身处必要岗位的员工。创始人需要分析公司当下的核心员工是否足够，能否支撑公司业务的进一步开展。招聘核心员工时，创始人要关注其工作经验和专业能力，评估其能否满足公司当前的业务需求。

新员工也就是俗称的"小白"，他们在公司中往往居于辅助岗位，其工作重要性不是很高。在招聘辅助岗位的员工时，创始人可以适度降低要求，但所招的新人应具备勤奋、踏实的品质和不拖延的工作态度，能够顺利完成各项工作。

需要注意的是，处于发展期的公司不宜过早划分清晰的职责范围，这样容易在公司内部形成"事不关己，高高挂起"的不良风气，不利于员工磨合与公司发展。在基本明确公司发展期的人才需求后，创始人就可以准备开展招聘工作了。

1.2.2 新人涌入，反而人才流失

如果招聘环节一切顺利，公司新员工的规模将会快速扩大。此时创始人和 HR 需要警惕一个问题：原始团队能否带好新人？

假设原始团队共有 5 名核心员工，新加入 5 名新员工。而 2 名核心员工不擅长带新人，1 名核心员工与新人相处并不融洽，剩余 2 名核心员工被迫"二带五"。1 名核心员工由于不满新团队配置，选择离职。而管理

层的业务量依旧按照 10 人标准下达至团队。

这种情况下，新员工的加入不仅没有扩大业务规模，反倒增加了核心员工的工作量，甚至可能引发人才流失的问题。为了避免此类事件发生，建议公司在招聘之前，先明确如下几个问题。

① 目前核心员工是否具备带新人的能力？ 1 个新人至少需要几位核心员工的指导？

② 根据以往的经验推断，新员工从入职到能完成辅助岗位工作大概需要多久？到能独立完成业务大概需要多久？

③ 公司能否为核心员工提供标准化的新人培养体系？

④ 公司能否为核心员工规划合理的个人发展路径，以留住人才？

⑤ 管理层是否知晓各团队新人入职情况？能否做好团队能力建设工作？

招聘是一回事，入职工作又是另一回事，创始人和 HR 事先无法百分之百地确定新人的工作表现。但上述五个问题能够帮助创始人和 HR 做好力所能及的工作，尽可能避免因新人涌入而带来的潜在人才流失风险。

1.2.3 "硬拔"员工：能力与职责集体错位

随着业务规模扩大，新员工逐渐成长，业务团队的数量和人员也在不断扩展。此时，原先的核心员工需要走上管理岗位，带领新团队开展业务。然而，如果创始人没有做好相应的准备，"硬拔"员工，那么很有可能导致如下两种后果。

（1）核心员工的胜任度很低

当核心员工在没有充分准备的情况下，突然被提拔到一个更高的层级，管理着十几位甚至几十位团队成员时，他们往往感到手足无措。这种突如其来的角色转变让各层级的核心员工难以适应新的工作挑战，他们倾向于停留在自己的舒适区内，沿用旧有的工作流程和职责。这种能力与职责的"错位"现象在团队内部日益凸显，并未对团队和公司的整体发展产生积极的推动作用。

（2）公司内部人心浮动

"硬拔"意味着公司没有对核心员工的工作水平进行细致的考查。当一位仅有 70 分工作表现的核心员工被提拔，而他手下却有一位原本同级的 90 分员工时，这种提拔无疑会引发团队内部的质疑和不满。随着时间的推移，员工可能会将努力的标准降低至 70 分，原本表现优秀的 90 分员工则可能因不满而流失，而那些原本表现中等的 60 分员工也可能开始动摇。这种情况如同蝴蝶效应，一旦触发，便可能对公司未来的稳定发展构成严重威胁。因此，创始人必须警惕并及时调整策略，以避免潜在的风险。

想要避免这种情况发生，创始人需要和 HR 共同制订核心岗位接班人计划。首先，创始人需要明确公司目前的核心岗位有哪些，如核心技术岗位、核心管理岗位等。这些岗位都必须有相应的接班人计划。

其次，创始人要明确潜在的核心岗位接班人。创始人可以根据人才盘点结果明确公司的潜在人才，也可以从外部引进人才。通常每个核心岗位匹配1～3名候选人比较合适。

再次，HR 要对接班人进行培养。HR 可以通过集中理论讲授、轮岗实训等方式对接班人进行培养，即先设计理论学习课程，组织接班人进行集中学习，然后再安排接班人进行轮岗训练，考查他们的实践能力。同时，HR 还要对接班人进行考核，做到优中选优。

最后，HR 要帮助接班人做好接班的交接、适应工作。接班人在上任后，对新的岗位会有一段时间的适应期，在此期间，HR 要帮助接班人做好工作的交接，并及时为接班人提供必要的帮助，使其尽快适应岗位、开展工作。

对于员工来说，成为公司核心岗位的接班人，意味着自己的职业生涯有了进一步的发展。核心岗位接班人计划可以激励员工自主提高个人能力，在公司内部形成良性竞争氛围。对于公司来说，优秀的核心岗位接班人能够提高组织领导力和公司的竞争力，保障公司在未来的道路上稳步前行。

1.3　突破期：打破瓶颈，追求质变

进入突破期，说明创新创业公司已经在市场上站稳脚跟，向着行业佼佼者的方向进发。这一阶段是一个分水岭，创新创业公司需要承担更大的风险，在挑战中抓住机遇，追求质变。在这一阶段，有的公司选择进军新城市，甚至打入国际市场；有的公司选择增加产品类别，扩充生产线；有的公司则瞄准新的用户群体，力求实现跳跃式发展。

无论选择哪一种突破方式，此时的公司都需要更高水平的员工，帮助公司突破瓶颈期，更上一层楼。本小节汇总了创新创业公司在突破期可能会遇到的三类典型问题，下面将逐一讲解。

1.3.1 瓶颈期：员工活力明显丧失

随着公司发展日趋稳定，当初跟随创始人和创业团队"打天下"的员工成为"元老"。然而，稳定的日常工作使这些元老级员工的思维逐渐僵化，他们待在自己的舒适圈里，不愿意学习新方法、新模式。在这种工作氛围下，公司很难实现进一步突破，往往会进入瓶颈期。那么为什么会出现这样的问题呢？原因主要包括以下几点。

① 以过程为导向。元老级员工开展工作通常不以结果为导向，而以过程为导向，而且没有危机意识。他们更愿意为任务负责而不是为结果负责，导致人浮于事，工作没有效果。

② 缺乏狼性精神。为了让员工相处融洽、共同奋斗，公司在生存期、发展期往往采取"人治"模式。这种人性化的管理模式背后隐藏的问题会在公司需要冲刺的阶段集中爆发出来，使创始人措手不及。

③ 创始人缺乏忧患意识。如果创始人没有动力持续奋斗，或者不愿意创新和变革，那么安于现状的元老级员工怎么会有斗志呢？

如果元老级员工身上的问题得不到解决，那么他们就会成为新员工成长道路上的障碍。新员工会效仿这些不良行为，公司的整体执行力就会大幅降低。长此以往，公司内部可能会充斥着人情关系，业务团队逐渐丧失活力，公司发展必然会受阻。那么该如何解决这一问题呢？建议大家从以下两个方面入手。

（1）在公司中建立并推广目标责任制

创始人和 HR 应迅速行动，建立健全公司的管理机制，明确目标与责任，并将其制度化、书面化。此举旨在推动元老级员工改变固有的思维模式，走出舒适区，同时向新员工传达清晰的行为准则，避免他们重蹈覆辙。在文化和制度的双重引导下，公司能够培育出一支目标明确、锐意进取的精英团队，进而突破发展瓶颈，实现跨越式成长。

（2）设计淘汰机制，让元老级员工产生危机意识

在人力资源管理工作中，奖惩分明至关重要。对于表现优异的员工，应给予晋升和提拔的机会；而对于表现不佳的员工，则需要进行降级或淘汰处理。有些元老级员工认为自己劳苦功高，一定不会被淘汰，便只关注自己的本职工作，在岗位上安于现状。

为了激发他们的斗志和积极性，HR 应设计合理的淘汰机制，让元老级员工感受到竞争的压力和危机。这不仅是公司长期发展的必要手段，也是激励员工不断进步的有效方式。

一个人要变得优秀不难，难的是一直保持优秀。很多元老级员工会沉溺在自己过往成就中无法自拔，失去了刚入职时的冲劲和锐气，思维也变得保守而僵化。

为了改善这种情况，创始人和 HR 可以引进一批年轻、思维活跃的新人，为公司注入新鲜血液，以盘活团队。对于元老级员工来说，这既是机会，也是警告。元老级员工如果想获得更多的尊重、价值和地位，就要和新员工携手并进，为公司的进一步发展贡献自己的力量。

1.3.2 如何吸引、留住专精人才

对于许多以技术立身的创新创业公司来说，专精人才是其在突破期不可或缺的核心人才。公司想要突破瓶颈，实现质的飞跃，就需要留住公司的专精人才并进行一定程度的扩招。那么该如何吸引、留住专精人才呢？考虑到此时的公司仍存在资金紧张的情况，建议采取以下三种方法。

（1）股权激励法

以华为公司为例，华为全员持股的做法将华为与员工之间的关系从雇佣变成了伙伴式合作，员工对华为有了极强的归属感，会把自己看作华为的"主人"，也会更努力、更认真地工作，并自觉地为华为做出更大贡献。资金压力比较大的创新创业公司可以考虑以股权吸引专精人才，促使其从普通员工转化为与公司密切相关的一分子。

（2）积分激励法

如果公司无法在短期内给予专精人才高额奖励，可以先采用发放积分的方式稳住专精人才。具体来说，就是给予专精人才一定数量的红利积分，并与其约定好解锁条件，如入职满三年、业绩达标、满足胜任要求等。积分兑换比例也可以事先约定，或按照公司当年的利润情况进行折算。

这里需要注意的是，为避免专精人才在兑换积分后不再为公司效力，创始人需要制定一定的约束机制，降低专精人才的流失率，保护公司利益。除了以解锁条件对其进行约束外，公司还可采取分次兑现、事先约定

兑现时间和次数等方式，确保专精人才在受到激励的同时，能够持续为公司创造价值。

例如，公司可以设定专精人才入职满两年且业绩达标后，可兑换全部积分的 40%，入职满五年且业绩达标后，可兑换剩余全部积分；或者专精人才入职当年为其发放 10000 积分，入职满一年且业绩达标后为其发放 20000 积分，入职满两年且业绩达标后为其发放 30000 积分，以此类推。专精人才只要达到当年的业绩考核指标即可兑现所持全部积分。创新创业公司可根据自身实际情况，选择合适的积分发放和兑现形式，以确保激励效果最大化。

(3) 荣誉激励法

荣誉是组织对个体的极高评价，可以满足个体在尊重和自我实现方面的需求，也是推动个体不断进步的重要力量。因此，对于一些表现突出、绩效优秀、工作努力的专精人才，创始人可以设置必要的荣誉激励，使荣誉这个"催化剂"真正发挥作用。

荣誉激励的形式多种多样，包括但不限于颁发荣誉证书、在会议上公开表彰、媒体宣传报道、记功嘉奖、提供外出进修机会等。以 IBM（国际商业机器公司）为例，其成立的"百分之百俱乐部"便是一个对员工进行荣誉激励的典范。一旦员工完成了年度任务，便能成为俱乐部会员，享受会员专属活动，并有机会与家人一同分享这份荣誉。这种做法极大地激发了员工的积极性，使 IBM 在人才激励上取得了显著成效。

创始人不要吝啬一些职衔、名号，它们能够唤起专精人才的认同感和自豪感，激发他们的工作热情。为专精人才授予荣誉最好有隆重的仪式，通常仪式越隆重，激励效果越好。此外，创始人需要注意，荣誉激励不能走平均主义道路，也不要论资排辈，而应根据绩效、贡献、工作情况等客观标准，确保激励的公正性和有效性。

综上所述，在公司资金紧张的情况下，创始人可以考虑采取以上三种方法吸引并留住专精人才。但在产品取得进一步突破，公司现金流较为充裕后，创始人应及时奖励专精人才，使其感受到公司对自己的重视，进而愿意继续为公司的长期发展而奋斗。

1.3.3　三重困境：该不该加入"人才战"

当今社会，人才竞争日益激烈。无论是大型企业还是创新创业公司，都不可避免地需要面对如何有效"留才"与"招才"的双重挑战。本小节将深入探讨人才竞争中公司所面临的三大困境，为创始人提供破局之道。

（1）困境一：只见成本，不见效能

在愈演愈烈的"人才战"中，为了留住人才，许多创始人能够想到的最直接、最有效的方法就是提供高额薪酬。然而，高额的薪酬成本是否真正带来了员工效能的同步提升？如果公司的生产效率因此而提升，所获利润可以抵消增加的用人成本，那么高额薪酬不失为一个好方法。

然而，许多公司通常会将增加的用人成本算在产品和服务的价格上，将其转嫁给用户。这反而会导致公司的竞争力下降，利润不升反降。即便如此，为了吸引和留住优秀人才，这些公司又不得不继续提供高额薪酬，从而陷入了恶性循环，使得公司的财务状况和长远发展面临严峻挑战。

（2）困境二：哄抬价码，竞争不止

可以预见的是，以高额薪酬吸引人才会导致公司之间哄抬薪酬价码。当一家公司开出百万元年薪时，另一家公司可能会将薪酬提升至更高的水平，"人才战"逐渐演变成"价格战"。在这个过程中，出不起高价的公司遗憾离场，而人才的"价格"被提高到了过高的水平。

此外，"价格战"有可能迫使各家公司开辟新的赛道，如公司文化、工作环境、福利待遇等，新的赛道很快又会被其他公司发现并模仿，从而再次陷入竞争。

（3）困境三：主动退出，人才难求

面对激烈的"人才战"，有些创始人可能会考虑是否可以选择不参与。然而，这并非易事。在人才流动频繁、竞争激烈的环境下，不参与"人才战"意味着公司既无法吸引新的人才，也难以长期留住现有人才。长此以往，公司仍会被迫加入"人才战"，陷入上述两个困境之中。

面对"人才战"的挑战，初创公司的创始人需要提前做好规划与准备。从公司文化、工作环境、福利机制、薪酬激励等多个方面出发，关注市场风向，与优秀人才保持良好沟通，努力留住一定数量的优秀人才。同时，创始人也需要灵活应对市场变化，不断进行创新，以确保公司在人才竞争中立于不败之地。

第 2 章
To 创始人：度己识人，精准选择 HR

创始人要先成为一名 HR，然后才能找到合适的 HR。创始人需要慎重地寻找和选择 HR，因为人才对公司的重要性不言而喻。而创新创业公司对人才的需求、员工的要求是在不断变化的。

作为创始人，若不能及时捕捉到这些微妙的变化，而身边又缺乏一位敏锐的 HR，那么公司人才流失、发展停滞的状况将不可避免。

在从事人力资源工作的多年经历中，笔者接触到来自各行各业的创始人，了解处于不同发展阶段的公司是如何开展人力资源工作的。笔者深刻体会到，创新创业公司的人才需求是随着公司的发展而不断变化的，而创始人作为公司的领航者，应该最先感知到这些变化。

想要做到这一点，创始人首先要进行自我审视：我是不是一个合格的创始人？我有没有能力判断人才是否匹配公司当前发展阶段？创始人需要拥有这样的能力或提升这种能力的意识，然后再去寻找合适的"HR 一号位"。一位优秀的"HR 一号位"能够帮助创始人提升识人、用人的能力，为公司找到最为合适的人才。

2.1　自我审视：成为合格的创始人

创业的过程是创始人发现战略机会点，通过打造有战斗力的团队来创造经济价值和社会价值的过程，也是创始人完善自我、提升对人才的感知力的过程。一位优秀的创始人必然具备一些特别的品质，助力其成为一位优秀的领导者，带领公司稳步发展。

2.1.1　经验谈：优秀创始人的共同点

创业过程之艰辛，自不必多言。笔者过往合作过很多创始人，我发现他们都具备三类特别的品质。

（1）超强的从0到1的开拓能力

大多数创始人都是从0开始创业，他们会用自己独特的设想、精湛的技术、卓越的能力、优质的产品、独特的运营策略等开辟出全新的领域。在这一过程中，他们敢于承担风险，不断探索新的技术和事物，结合个人经验和多方面的学习，创建属于自己的品牌。

同时，优秀的创始人热爱创新。他们会大胆设想，小心求证，在不断创新中吸引更多的用户，确保公司在市场中保持长久的竞争力，在行业中占据一席之地。这种能力不仅能够帮助创始人实现从0到1的突破，更为其实现从1到10、从10到100的发展奠定了坚实的基础。

（2）独特的感召力

优秀的创始人往往自带一种独特的感召力。这种感召力好似一种魔力、一种超强的说服力和影响力，能够帮助他们在初创阶段吸引和感召志同道合的伙伴。

拥有感召力的创始人不仅能够吸引创业伙伴，还能激励团队成员不断成长。创始人的感召力有助于在公司中营造出积极进取、敢于挑战的工作氛围，形成创始人和团队成员彼此赋能、相互感召、螺旋上升的氛围。

（3）强烈的企图心

企图心是优秀创始人不可或缺的品质。他们永远追求卓越，不断挑战自我。对他们而言，设定的目标是被用来打破的，因为他们深知只有具有挑战性的目标才能激发团队的潜力。

拥有强烈企图心的创始人会坚守自己的价值观，独立思考，不被外界的"成功陷阱"所迷惑，始终以公司的实际发展情况为导向，为公司的发展做出正确的决策。

在创业的道路上，资源是有限的，挑战却层出不穷，但优秀的创始人凭借他们的开拓能力、感召力和企图心，能够克服重重困难，实现创业梦想。

2.1.2　再进化：从创始人到领导者

创始人和领导者有什么区别？要想区分这两者，首先我们需要明确创始人是一个怎样的角色。笔者遇到的科技领域的创始人大致可以分为两类：一类是由"专家"转型而来的创始人；另一类则是"专家"的学生，即学生转型而来的创始人。

这些创始人的共同点在于，他们都有一项明确且突出的专业能力，可能是专业技术、产品思维、运营能力、销售渠道等。他们凭借这项能力，能够成功构建自己的核心业务或者产品原型。

然而，构建核心业务或者产品原型只是开始。要将产品推向市场，实现长期的销售增长，则需要一个团队的共同努力。这时，领导者的作用便显得尤为重要。领导者能够将团队成员紧密团结在一起，使他们朝着共同的目标前进。创始人与领导者的区别在于，创始人往往能够带领公司实现从 0 到 1 的突破，而领导者则能够带领公司实现从 1 到 10、从 10 到 100 的持续发展。

创始人想要成为领导者，除了开拓能力、感召力、企图心之外，还要学会三个"舍得"。

① 舍得分享。俗话说"教会徒弟，饿死师父"。这固然有理，但对于领导者来说是大忌。优秀的领导者要舍得分享自身的专业知识和成功经验。

如今，很多自媒体从业者会专门制作视频或文章，向观众分享自己做自媒体的方法和经验，指导那些对自媒体行业感兴趣的人有效"避雷"。这种理论与实践相结合的分享不仅不会使自媒体从业者"掉粉"，反倒会帮助他们证明自身的专业性，树立乐于分享的"人设"，进而巩固自身在行业中的地位。许多博主因此吸引了更多粉丝，进一步提升了账号流量，获得更多的收益。

② 舍得"分羹"。一方面，领导者需要将自己手中的资源适当分享给同行业的其他领导者，实现互惠互利，从而拓展人脉圈，为公司创造更多的商业机会。

另一方面，领导者要让创业团队成员、核心员工分享到公司的利润，加强员工与公司之间的联系。华为公司的全员持股制度就是华为领导者舍得"分羹"的体现。

③ 舍得"放权"。当公司发展到一定规模后，"中央集权"的管理模式已不再适用。将权力下放至员工，一方面能够体现领导者对员工的信任，增加员工对公司的好感度；另一方面能够激发员工的主观能动性，使其发挥潜力，为公司带来全新的发展机会。

在允许员工拥有更多自主权的同时，领导者也需要把握好容错的尺度。公司资源有限，无法承担过多的试错成本，因此领导者需要在信任与监管之间找到平衡。在员工犯错时，应给予适当的指导，帮助他们从中学习并成长。可一旦错误超出可承受范围，领导者须迅速做出决策，以维护公司的稳定和持续发展。

优秀的领导者应始终保持自我反思和自省的习惯，不断审视自己的行为和决策，思考公司当前及未来的需求。在公司处于从 0 到 1 的突破阶段时，创始人的作用至关重要。然而，随着公司进入从 1 到 10、从 10 到 100 的发展阶段，创始人必须具备"进化"的意识，不断自我提升，以适应公司不断变化的需求，成为员工心中值得追随的领路人。

2.2　识人能力：创新创业公司的生产力

识人能力是创新创业公司的重要的生产力。这里的"识人"是指创始人能够以公司现阶段的业务为导向，去寻找最适合公司的人才。在识人方面，创始人需要注意，最重要的是匹配，不是最好，不是更好，而是刚刚好。

2.2.1　搭建有效的识人框架

想要提升自己的识人能力，创始人就需要搭建稳定、有效的识人框架，从结构层面确保公司寻找人才的方向是准确的。具体来说，如果把创业分为从 0 到 1、从 1 到 10、从 10 到 100 三个阶段，那么创始人需要知道，不同阶段公司的核心任务是什么、什么样的人才能够完成这个核心任务，创始人的识人框架如表 2-1 所示。

表 2-1　识人框架

发展阶段	从 0 到 1	从 1 到 10	从 10 到 100
核心任务	研发产品，确保产品具备可行性、有市场	拓宽销售渠道，提升产品销量	增强公司生命力，打破瓶颈，避免进入衰退期
人才需求	过硬的专业能力、稳定的情绪力	过硬的专业能力，关键岗位的员工要有协同能力	掌握先进技术的专精人才、管理经验丰富的高管

在从 0 到 1 的阶段，公司运作环境模糊、不确定，随时可能发生变化。此时最重要的任务是集中资源打造核心产品。创始人需精准拆解产品研发任务，确定所需研发人员、运营人员、销售人员等能力过硬。

在这个阶段，创始人招募的人才需具备两大核心素质：一是专业技能精湛，无须过多指导即能快速开展工作。具体来说，这类人才能够合理规划自己的工作任务，明确工作要求和工作方法，正确理解创始人意图并迅速开展工作。二是有稳定的情绪力，创新创业公司面临的首要挑战是生存，时间和精力主要集中在产品和核心业务等方面，因此无法投入过多的时间和精力去处理员工的情绪问题。这就要求员工自身必须拥有出色的情绪管理能力，面对工作带来的压力能够自我调节，有效化解负面情绪，确保不会将消极情绪带入工作中。

在从 1 到 10 的阶段，公司规模往往会扩展至几十人。此时，拓宽销售渠道，提升产品销量、增加收入、加大营销力度以及开辟新产品线成为重中之重。创始人需将研发、运营、销售等多个部门的员工整合起来，必要时组建跨部门协作团队，以促进各部门间的紧密合作与协同作战。

在这个阶段，创始人渴求的不仅仅是专业能力突出的员工，更期待那些具备卓越协同能力的人才。过去，各部门可能各自为战，专注于完成自身任务。然而，随着公司核心任务的转变，"各自为政"已无法支撑公司未来的发展。

因此，创始人需要在各部门中发掘那些沟通能力、应变能力强的员工。他们不仅能够高效完成本职工作，还能在部门间扮演"桥梁"角色，及时传递信息、化解矛盾，确保团队间的沟通顺畅与合作顺利。这些员工往往担任着关键岗位，如部门经理、研发主管等。创始人可以从这些关键岗位的员工开始观察，同时也不应忽视潜藏在基层员工中的这类人才。一旦发现，创始人应适时给予提拔和激励，使他们的能力得到最大化发挥，为公司的持续发展贡献力量。

在从 10 到 100 的阶段，公司可能已经发展到几百人甚至上千人的规模。此时最重要的任务是增强公司的生命力，避免进入衰退期。创始人需要关注两个方面：一是组织管理，二是技术研发。只有这两方面都保持稳定，公司才能开辟新业务、吸引新的客户群体。

在这个阶段，创始人需要引进掌握先进技术的专精人才以及管理经验丰富的高管。这两类人才可以从公司内部人员中提拔，或者高薪外聘。如果选择外聘人才，创始人还需要关注他们与公司元老的磨合情况，尽可能避免内部分化。

综上所述，创始人需要先建立基本的识人框架，明确公司在不同阶段所需人才的核心能力，进而与 HR 沟通，有针对性地开展招聘工作。

2.2.2 提升人才审美

在谈论人才审美这一问题前，创始人可以先问自己一个问题：我见过多少人？有100人吗？有500人吗？很多创始人，尤其是由教授转型或博士生、硕士生毕业创业的创始人，因为没有与他人一起工作的经验，也没有亲自组织招聘、面试、选人、组建团队的经历，缺乏与人才深入交流的经历，所以难以形成较高的人才审美。

我遇到过一些很优秀的创始人，他们会投入大量的时间和精力寻找、接触人才并与人才进行深入交流，这个过程耗费的时间成本几乎与他们在业务上投入的时间成本相当。在这个过程中，他们逐渐形成了自己独特的人才审美和选拔标准。

创始人应该意识到，广泛接触人才是提升人才审美和团队组建能力的关键。那么，如何增加与人才的接触量呢？

一种途径是借助猎头公司的力量。作为连接创始人与求职者的桥梁，猎头公司凭借丰富的经验和专业知识，能够帮助创始人筛选和推荐合适的人才。创始人只需要在与猎头公司和求职者的沟通中，进一步明确自己的人才需求和审美标准。

另一种途径则是依靠公司内部的 HR 团队。HR 团队的优势在于他们更了解公司的核心业务和当前的人才需求，与创始人之间的沟通也更加顺畅。他们能够根据公司的业务需要，为创始人推荐合适的人才，并在这一过程中协助创始人改善和提升人才审美。因此，寻找一位优秀的 HR 一号位对于创新创业公司来说至关重要。

除此之外，创始人还可以从自己的人脉圈子入手，发布创业信息来吸引人才。一种方法是群发信息。创始人要注意的是，不要广撒网，而是要选择与自己的需求、理念契合的渠道。

具体来说，创始人不要在规模很大的极客社群、微信群里发招聘消息，因为这样的社群往往鱼龙混杂，难以体现创始人寻求人才的诚意和专业性。创始人应选择门槛较高、更为专业的社群发布招聘信息。例如，如果创始人曾是一名 CTO（Chief Technology Officer，首席技术官），那么在其所属的 CTO 社群中发布信息更合适，因为该社群内的成员与创始人有着相似的背景和经历，更能理解和支持其创业的理念。

此外，另一个更为高效的方式是通过与创始人有过合作且关系良好的中间人进行点对点的信息传播。这种方式不仅更为精准，而且能够传递出创始人对人才的尊重和重视。为了表达自己的重视，创始人可以提前准备一份简洁的商业计划书，涵盖创业的逻辑、自身拥有的资源和能力以及对人才的期望三大核心内容即可。这样既能够表现出创始人对人才的尊重，又能使双方的沟通更为顺畅，更容易吸引到志同道合的优秀人才。

2.2.3　统一管理层的识人标准

随着公司的不断发展，员工规模逐步扩大，创始人没有那么多的时间和精力亲自遴选每个人才。此时就需要公司管理层协同配合，在创始人人才审美的基础上建立统一的识人标准，并以此为依据选拔人才。

管理层大多是公司的元老，背景、性格、资历有所不同，在个人利益方面也可能存在矛盾。有的管理层还会担心新人太过优秀，将来自己会被边缘化。统一管理层的识人标准不仅仅是创始人提出招聘要求就可以了，还需要管理层从思维上纠正在选拔人才时可能存在的偏见。

创始人需要培养管理层的外部适应性——这是一种当公司面临外部挑战或危机时，管理层应具备的齐心协力、共同应对的意识。换句话说，在日常运作中，公司内部产生小的纠纷和分歧无关紧要，到了关键时刻，如春招、秋招等，管理层必须形成统一战线，为公司的发展着想，精准判断哪些人才是真正符合公司需求的。

当管理层具备良好的外部适应性后，创始人可以与管理层积极沟通，分享各自的人才审美，打造统一的人才识别框架。同时，创始人要确保管理层中的每一位成员都参与过多次面试工作，熟悉招聘流程，通过实践锻炼提升他们的沟通与人才筛选技巧，增强他们的参与感和责任感。

总之，创始人要积极创造多种锻炼场景，引导管理层参与公司人才选拔工作，逐步统一管理层的识人标准。

2.3 HR 一号位的寻找与合作

HR 一号位在创新创业公司中扮演着举足轻重的角色。他不仅是创始人的得力助手，而且更是连接创始人与员工的桥梁。一方面，他负责确保员工的基本福利得到落实，如五险一金等。这是员工最为关心的事项之一，也是维护员工权益和避免法律纠纷的关键。另一方面，他需要深刻理解并传达创始人的管理思想，推动相应的管理制度在公司内部顺利实施。这一角色对于维护公司内部的稳定和谐以及推动公司的长远发展至关重要。

然而，HR 一号位的工作远不止于此。他还需要在招聘、培训、员工关系管理等多个方面发挥关键作用，为公司构建一支高效、和谐的团队提供有力支持。由此可见，HR 一号位对于初创公司来说不仅仅是一名员工，更是创始人的合作伙伴。

因此，创始人需要以谦逊的态度去寻找和吸引优秀的 HR 一号位，与他建立紧密的合作关系。创始人应该慎重选择 HR 一号位，因为这将直接影响到公司的未来发展。即使将来可能因为各种原因分道扬镳，创始人也应该尽可能地保持理性和尊重，确保双方能够有理有据、有情有面地和平"分手"，避免给公司留下不必要的负面影响。

2.3.1　角色定位：HR 一号位必须是"多面手"

创新创业公司的人力资源管理几乎是一张"白纸"，因此 HR 一号位必须是一个"多面手"，既要有过硬的人力资源专业知识，又要熟悉公司的核心业务，同时具备应对突发情况的能力。创始人在寻找 HR 一号位时，需要从以下几个方面对其进行考查。

（1）专业技能

HR 一号位需要协助创始人完成关键岗位的招聘工作，因此其专业能力必须扎实。创始人可以向 HR 一号位候选人描述公司关键岗位的能力要求，让其规划吸引人才的岗位说明和招聘流程。在这一过程中，创始人还可以考验候选人的表达能力，分析其掌握的面试技巧。

（2）过往经验

创新创业公司处于起步阶段，不需要 HR 一号位具备丰富、全盘的人力资源管理经验。创始人需要重点关注他有没有从 0 到 1 开展人力资源管理工作的经验。具体来说，就是他是否曾在创新创业公司进行过招聘工作，或者在大型公司参与过新业务的孵化。无论成功与否，这些经验都十分宝贵。创始人在与 HR 一号位候选人沟通时，一定要坦诚地表明这一观点，避免候选人因过往工作失败而隐瞒经历。

（3）软性素质

HR 一号位需要具备横向学习的能力和主动学习的意识。不同公司的发展轨迹、核心业务各不相同，HR 一号位需要具备灵活思考的能力，针对实际情况有选择性地运用自己过往的成功经验，不生搬硬套。同时，HR 一号位要能及时复盘工作，发现问题，并通过自主学习查漏补缺。此外，HR 一号位还要"接地气"，能够亲力亲为，重视细节。

（4）创业精神

不仅创始人要有创业精神，HR 一号位也要有。HR 一号位要能够理解创新创业公司的困难，对于可能出现的突发情况有一定的心理预期，始终以解决问题为导向帮助公司渡过难关。创始人在与候选人沟通时，需要关注其分析问题的思路，重点了解其能否提出解决方法而非空谈理论。

（5）文化契合

HR 一号位是公司价值观和文化的宣传者，因此其必须与创始人的理念相契合，理解并认同公司价值观和文化。创始人在与候选人沟通时，需要向其表明个人理想和公司愿景，并了解候选人的想法，以明确其是否合适。

创始人可以依据以上五个方面，结合公司的实际情况调整考查权重，寻找适合公司当下发展阶段的 HR 一号位。

2.3.2　躬身入局：创始人拒绝成为背景板

在和不同领域的创始人合作过之后，笔者发现不少创始人虽然表示"我觉得 HR 一号位很重要，得重视"，但其实真的招聘到 HR 一号位后，他又会说"专业的人干专业的事儿，我先忙业务去了"，鲜与 HR 一号位沟通交流。这些创始人本质上还是以业务为先，更看重研发、销售，而没有真正重视 HR 一号位的工作。

创始人怎么做才是真的重视 HR 一号位的工作，重视人才培养呢？每周留出固定的时间和公司的 HR 一号位进行一对一的交流。事实上，在公司早期发展的很长一段时间里，无论是否存在 HR 一号位，创始人都是 HR 工作的实际发起者。那些真正创业成功的创始人，往往会专门留出时间和 HR 一号位进行一对一的沟通，以深入了解员工的招聘和培养情况。

在互联网时代，创始人能够通过网络了解成熟公司的 HR 一号位是如何开展工作的。这是好事，但是看得多了容易使创始人产生不切实际的期待，认为 HR 一号位应当"十八般武艺样样精通"。因此，笔者建议创始人在借鉴成功案例时，还需要关注创始人在其中的角色，了解其在组织工作中的定位。

此外，创始人需要鼓励创业团队的其他成员也参与到 HR 一号位的工作中，实现群策群力。例如，有财务工作经验的成员可以制定初步的激励机制和绩效考核体系；有运营工作经验的成员可以尝试划分公司职能、搭建业务架构。创始人则可以依据自己的经验搭建基础的员工培训体系等。

创始人需要与 HR 一号位建立密切联系，除了每周一次的一对一沟通之外，还需要和 HR 一号位不定期交流意见，开阔视野，丰富"组织想象"。所谓组织想象，是指创始人对公司内部组织架构所期待的观点体系，通常来自创始人的亲身经历和基于逻辑的假设和推演。

HR 一号位的工作之一是搭建公司的组织架构。在和 HR 一号位交流意见的过程中，创始人能够感受到 HR 一号位在公司组织搭建方面的能力，获得更多新鲜的观点，从而加深自己与 HR 一号位之间的精神认同，形成战略同盟。

综上所述，创始人需要谨记一点，不要成为"背景板"，找到一个优秀的 HR 一号位就当"甩手掌柜"。创始人需要和创业团队、HR 一号位一起，整合公司资源，做好人力资源管理的各项工作。

第 3 章
To HR：提升自我，与创始人共舞

对于 HR 来说，无论是大厂出身，还是小公司出身，进入创新创业公司工作都是一个很大的挑战。因为创新创业公司是一张"白纸"，这意味着 HR 的一切工作都要从 0 开始，而万事开头难。想拥有一个好的开始，HR 就需要结合公司的原生优势，规划人才吸引战略，稳扎稳打。不同出身的 HR 所拥有的工作经历能否为其做好创新创业公司的工作提供帮助呢？大家需要辩证地看待这一问题。

3.1　打地基：规划人才吸引战略

许多 HR 在人力资源管理领域深耕多年，什么时候开展校招，什么时候进行绩效考核，什么时候发年终奖……对于这些流程性工作，他们早已烂熟于心。这就像盖房子一样，成熟公司的人力资源管理工作就像盖好的房子，再简陋，房子也已经达到毛坯房的状态。尽管还要装修、买家具等，但基本的结构已经定了。然而，创新创业公司却如同一片未经开垦的"盐碱地"，缺乏现成的资源和设施。对此，HR 的首要任务便是"打地基"——规划人才吸引战略。

3.1.1　提炼公司的原生优势

与成熟公司相比，创新创业公司的竞争力较弱，因此招聘工作的关键不是招聘人才而是吸引人才。一个优秀的 HR 能够从公司的实际情况出发，深入挖掘其现有资源，从中提炼公司的原生优势，形成差异化的人才吸引战略。HR 可以从以下三个方面介绍创新创业公司的原生优势，如图 3-1所示。

（1）舞台：展现自我的机会

虽然在大型公司中，员工能够拥有相对稳定的岗位、更多的薪水和更全面的福利，但是工作流程和内容较为固化，公司内部圈层分明，许多员工难以获得晋升机会。在这种情况下，员工就如同温水中煮的青蛙，沉溺在温暖舒适的环境中，逐渐失去展示自我、提升自我的意识和动力。

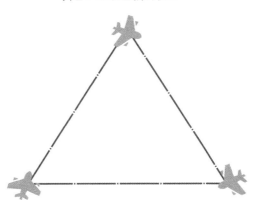

图 3-1　创新创业公司的原生优势

在创新创业公司中，每位员工都有可能身兼数职，每天、每周的工作都可能有所变化。每一位员工都有可能负责多项事务，涉足多个领域，与不同专业、地域的同事交流合作。在这样的工作氛围中，员工能够得到充分的锻炼，在成功与失败中发现自身价值，展现能力，实现自我成长。因此，对于创新创业公司来说，吸引人才的第一步，是搭建一个大舞台。

创始人都希望求职者能够尽心尽力地为公司付出，为公司做出最大的贡献。因此，在与求职者交谈的过程中，HR 可以为求职者描绘公司的未来图景，告诉求职者在这里可以大展身手，充分发挥自己的能力，以吸引求职者入职。

（2）热爱：与求职者的兴趣相符

创新创业公司的业务往往是"方向大致正确，需要群众一起努力"。在模糊的业务探索过程中，员工只有对工作充满热爱，才会更加积极主动地去承担边界不清晰的工作而热爱一般来自员工的兴趣。

HR 在与求职者交谈时，要重点了解求职者的能力、优势，从中发现和激发求职者的兴趣。HR 也可以与求职者讨论公司正在进行的项目，如果与求职者的兴趣相符，就有可能吸引求职者加入公司。

除了正式的面试，HR 还可以安排一些非正式的会面，如在咖啡厅或茶餐厅与求职者进行交谈，以便在更轻松愉快的环境中深入了解彼此。

（3）杠杆性收益：获得股票期权

在创新创业公司中，员工往往无法获得与大型公司相持平的薪水。但是 HR 可以选择从其他方面吸引员工，例如，给予员工股票期权。当公司获得发展时，员工也能依靠股票期权获得收益。例如，Facebook 成功上市，公司内部拥有其股票期权的大批员工变成百万富翁。

在国内公司中，海底捞采取"师徒制"股权激励法。连锁店店长的收入分为两部分：一部分是基本工资，另一部分是餐厅利润分成。而餐厅利润分成的比例又有两种方案，店长可以任选一种：一是获得自己经营的餐厅利润的 2.8%；二是获得自己经营的餐厅利润的 0.4%+ 徒弟经营的餐厅利润的 3.1%+ 徒孙经营的餐厅利润的 1.5%。

而喜家德采取"358"股权激励法，即考核排名靠前的店长能够得到 3% 的干股收益。如果老店长带出符合考评标准的新店长，自己再接手新店时，就能在新店入股 5%，成为小区经理。如果 1 名老店长带出 5 名符合考评标准的新店长，自己再接手新店，就能在新店入股 8%，成为区域经理。如果再往上成为片区经理，店长就能自主选址，经营新店，且能在新店入股 20%。

HR 可以选择为求职者提供一份固定工资与股票期权相结合的薪酬，这有利于提升公司竞争力。基于多年来服务创新创业公司的经历，笔者发现创新创业公司通常会采取固定薪资和浮动薪资 7∶3 的配置，固定薪资参照原有薪资的 70% 进行设计。例如，对于出身大厂年薪百万元的求职者，创新创业公司可以为其提供 70 万元的现金薪资和每年价值 30 万元的股票期权，一次性授予 4 年，每年归属 25%。

每个求职者在找工作的过程中看重的条件各有不同，如果 HR 能够提炼出公司的原生优势，结合求职者的愿景和兴趣制定人才吸引战略，那么就更容易吸引到许多有才华的求职者。

3.1.2　培育良好的公司文化

HR 也可以从公司文化入手吸引人才。目前，随着大量"90 后""00后"涌入职场，越来越多的求职者倾向于那些能够为他们带来意义感、成就感，能提供正向情绪价值的公司。一个公司的文化与其所能提供的情绪价值具有不可分割的联系，培育良好的公司文化能够弥补创新创业公司在原生优势上的不足。

Facebook 公司就形成了一种独特的文化——"黑客文化"。Facebook的前高管 Molly Graham（莫利·格雷厄姆）在和员工讨论之后，认为"黑客"能够彰显 Facebook 的卓尔不群。它代表着 Facebook 始终掌握最先进的生产力，能够不断创新。

因此，不仅 Facebook 的员工以"Hacker"自居，公司所处街道也被命名为"Hacker Way"，公司总部被命名为"Hack Square"。

2009 年，Mark Elliot Zuckerberg（马克·艾略特·扎克伯格）和 Molly Graham 以及员工一起重新构建了 Facebook 的公司文化。他们在黑客文化的基础上想出了很多新奇、酷炫的标语。Facebook 将这些标语做成创意海报，印在公司的 T 恤上，写在公司博客里。公司还专门请来艺术家，将标语和卡通图案相结合，在墙上涂鸦。

Facebook 有一句很有名的标语：Move fast and break things（快速行动，除旧立新）。这句话体现的就是黑客精神：一是指想法不能只停留在脑子里；二是指为了实现想法，员工可以进行一些创新性的尝试，即使失败也没关系。

例如，某位员工在 Facebook 工作还不到一年，就参加了一个名为 Hackathon（编程马拉松）的活动。这个是 Facebook 的内部活动，如果员工有什么新奇的想法，但是在工作中没法立项，就可以参加这个活动，做出 demo（demonstration 的简写，示范样例）。如果项目足够优秀，员工还可以和扎克伯格一对一沟通。

这位员工当时也做了一个 demo 参加这个活动。出乎他意料的是，评委们都很看好这个项目，让他准备一周之后和扎克伯格面谈。

对此，他有些慌张，因为给扎克伯格看的 demo 必须真实且能顺利运行，而他拿来参赛的 demo 还没到这个水平。所以之后他找了很多人"取经"，还寻求了 AI 组的同事的帮助。他们借了好几台机器，不断优化算法，缩短运行时间，临近最后期限才把这个 demo 做好。好在功夫不负有心人，这个 demo 得到了扎克伯格的青睐，进而推动了许多类似方向的项目的发展。

这件事给了这位员工很大的勇气。在这之后，他又接手了不少项目。

尽管有的项目依旧十分棘手，但他秉承着"Move fast and break things"的原则，总能找到解决办法。

笔者曾深入分析 Molly Graham 为 Facebook 打造公司文化的过程，并从中提炼出了以下几个重点。

（1）文化是根据创始人的形象建立的

大约 80% 的创新创业公司，其文化是根据创始人的形象建立的。文化能够反映创始人的性格、优势、价值观、愿景等。因此，HR 需要先深入了解创始人，再以他为核心打造公司文化。如果创始人崇尚竞争，那么公司文化就要体现出其不断进取、追求卓越的态度；如果创始人擅长分析、驾驭数据，那么公司文化会趋于理性；如果创始人爱好设计和规划，而且富有创意和想象力，那么公司文化将能积极引导团队的产品研发……

（2）写出描述创始人和文化的词语

写出可以形容创始人的词语，包括他擅长什么、不擅长什么、哪些地方需要调整、喜欢与什么样的员工共事等。HR 需要思考，希望媒体如何报道创始人、希望他们用什么样的词语宣传公司文化。

要解决上述问题，HR 不妨花费一些时间，拟写几个形容创始人和公司文化的词语，引导媒体做出正向、积极的报道，以展现团队的优势和独特之处。

很多 HR 写一堆陈词滥调，重复同行说过的话，这样打造出来的文化往往很难引起共鸣。笔者认为比较好的做法是尽量避免如创新、影响力、行业佼佼者等字眼，而要真正从创始人和公司文化的底层逻辑去挖掘合适的词语，再借助媒体的力量把词语推广出去。

（3）反复宣传已经明确的词语

HR 和创始人应持续强调公司文化。在创新创业公司中，创始人是公司文化的核心，他们的支持与配合对公司文化的塑造和传播有非常重要的作用。

对于企业而言，公司文化绝非一劳永逸的产物，它需要随着时间的推移而不断发展和完善。HR 应当利用员工大会、内部刊物等多元渠道，持续、频繁地宣传公司的文化理念，甚至将文化元素融入日常的邮件沟通之中。创始人和管理层更应视文化宣传为己任，将其作为工作中的重要组成部分。

最后，HR 必须清醒地认识到，公司文化是一个动态发展的过程。即使在创始人的鼎力支持下构建了坚实的文化基础，HR 仍需不断地对其进行审视、升级和迭代。随着公司的不断成长和市场的不断变化，HR 应时刻保持警觉，主动思考当前的文化是否与公司的发展战略相匹配，一旦发现不匹配之处，便应立即采取行动进行调整。

3.1.3　打造灵活自由的工作环境

除了培育良好的公司文化，灵活自由的工作环境也是创新创业公司可以尝试打造且成效显著的优势之一。年轻员工更加追求灵活自由的工作氛围，这样的工作环境能够提升员工的办公体验，使其保持工作热情。由此，灵活办公这一新型办公模式诞生。

灵活办公模式的优势较多：一是有利于公司科学地规避风险；二是有效提升了办公的灵活度与自由度，能够为员工带来更加舒适的办公体验。

在灵活办公成为趋势的当下，公司可以从以下四点出发（如图 3-2 所示），打造灵活自由的办公环境。

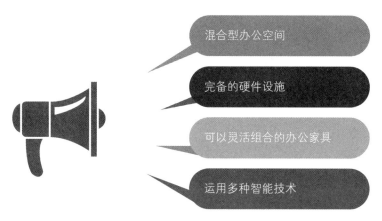

图 3-2 公司打造灵活自由的工作环境的四大要点

（1）混合型办公空间

为了满足不同员工在不同场景下的办公需求，公司需要设计类型更为丰富的办公区域。公司不仅需要设计注重隐私和防干扰的公共办公区域，还需要设计共享办公区域，以满足不同人数的团队协作需求，能够更有效地提高生产力。

（2）完备的硬件设施

办公室的人员相对密集，一个安全的环境对于员工的身心健康及工作效率至关重要。因此，公司需要考虑员工的安全问题，为员工配备齐全的硬件设施。

公司可以在办公室安装空气净化系统，保持室内空气的畅通与洁净；采用绿色环保的建筑材料，保护员工的健康；安装可调节色温的灯具，配备符合人体工程学的座椅，给员工提供人性化的办公体验。

(3) 可以灵活组合的办公家具

灵活办公模式使得员工不再拘泥于固定工位，而是可以灵活移动。公司可以改变办公家具，换成可移动的办公桌椅、可拆卸的收纳柜等，为员工创造灵活自由的办公环境。

(4) 运用多种智能技术

智能技术能够为办公赋能。例如，无线技术能够使员工办公更加便利，减少了员工对固定办公的需求；无纸化办公能够提高工作效率，简化工作流程，还能够提高工作灵活性，员工可以随时随地开展工作；云上办公系统能够为员工提供远程办公工具。随着智能技术在办公场景不断深入应用，员工的工作环境将不断优化升级。

在创新创业公司的成长轨迹中，上述办公条件的配备至关重要，但也要考虑资源的合理配置与有效利用。在资源有限的前提下，公司无须追求面面俱到的完美配置，而应聚焦于提升某一关键环节的员工体验，从而凸显其独特之处。例如，研发型公司可以聚焦研发团队的舒适度，为研发人员提供顶级的办公椅和键盘，以提升工作效率和团队满意度；也可以选择共享办公模式，以节省成本并营造协作、开放的工作氛围。

综上所述，创新创业公司应在自身能力范围内，精心打造一个既舒适又高效的工作环境。这不仅是对员工的关爱与尊重，更是吸引和留住人才的一大优势。通过这样的举措，公司不仅能够提升员工的工作动力和归属感，还能够为公司的长期发展奠定坚实的基础。

3.2　大厂出身 HR：学会与创始人共舞

毫无疑问，大厂出身的 HR 拥有丰富的人力资源管理经验，对于大型公司的人力资源管理制度有着深刻的了解。但进入创新创业公司，HR 不能按图索骥、套用成熟公司的模板，而应有所取舍。如何取舍则取决于 HR 与创始人的沟通。换句话说，HR 要能理解创始人的想法。

3.2.1　与学生转型创始人合作

学生转型创始人主要是指博士生和硕士生，他们在科研过程中取得了一些成果，从中发现商机，然后和同门师兄弟合伙创业。

这类创始人独具特色，他们有丰富的学术背景，多年来深入钻研某一领域，因此进入该领域创业时，其专业见解均显著高于其他创始人。然而，他们往往毕业后便直接创业，几乎没有职场经验，之前长期沉浸在科研和论文写作中，思维往往偏于学术，对于成熟的商业运营和公司管理制度可能知之甚少。

与这类创始人合作，HR 的工作要从两方面入手。一方面，如果与自己合作的创始人是学术大咖，那么 HR 首先要做的就是了解他的科研成果，这样至少在交流时能听懂他说的一些专业术语。尽管 HR 不可能在短时间内达到与创始人相当的专业水平，但展现出积极学习和理解的态度至关重要。通过展示这种态度，HR 能够赢得创始人的信任，使创始人愿意分享其学术成果，并共同探讨如何将其转化为商业产品。

这类创始人的团队中可能包括他的师兄弟、指导教授等人员，他们之间的利益关系错综复杂。例如，教授的股份占比、职责范围等都需要明确。HR 需利用自己丰富的经验，结合公司的实际情况，制定合理的责任和股权分配方案，确保团队内部关系的和谐与稳定。当创始人因顾及同门情谊而难以直接处理这些问题时，HR 应主动承担起这一责任，为公司的发展保驾护航。

另一方面，HR 要帮助创始人积累经验，使他成长为一个合格的创始人乃至领导者。

首先，HR 需要具备前瞻性的眼光。创始人可能只拥有一个想法或技术，在对行业趋势的洞察、市场需求的把握以及人才资源的布局上可能缺乏足够的经验。HR 需凭借在大企业中获得的经验和人脉，迅速融入公司所处的行业环境，为创始人提供明确的行业发展趋势分析，揭示行业内的人才分布，并给出吸引跨行业人才的策略。在人才招募和组织培养上，HR 应主动提供建议，与创始人共同决策，而非仅仅执行其指令。

其次，HR 应为创始人制订一套系统的成长计划。由于这类创始人往往缺乏职场经验，销售、财务、法务等关键领域的知识较为匮乏，HR 需要关注他们的知识短板，并针对性地帮助他们设计学习路径。通过联系投资机构或自身的人脉网络，为创始人搭建与同行业、同阶段创新创业公司领导者交流的平台，给创始人创造更多交流的机会，HR 可以帮助这类创始人拓宽视野，使其快速掌握公司经营所需的各类知识。

最后，由于创始人具有学术背景，他们可能会将科研中"非黑即白"的绝对性思维带入公司运营中。然而，商业世界的交往和决策往往充满灰度。因此，HR 需要引导创始人转变思维方式，从人性的角度出发去处理事务，如对员工的包容、对商业合作的灵活处理等。

同时，HR 应鼓励创始人放下学术傲气，从市场角度思考产品应如何获得用户认可，从人性角度思考应如何凝聚团队力量，实现商业目标。这是一个渐进的过程，HR 应成为创始人的得力助手，陪伴其成长。

综上所述，HR 不仅是创始人的合作伙伴，更是其导师。他们需要关注创始人、员工以及公司的成长轨迹，协助创始人构建完善的人力资源管理体系，提升其管理与决策能力，推动公司长远发展。

3.2.2　与大厂出身的创始人合作

有一类创始人，他们在大企业摸爬滚打了数年甚至数十年，然而因为种种原因，如职业发展陷入瓶颈、对自我追求的重新定位等，最终选择投身于创业之路。

这类创始人中不乏已经在大企业达到高管层级的精英，他们具备丰富的能力、资源和经验。然而，创业之路并非一帆风顺，他们同样面临着创业失败的风险。例如，某知名互联网门户网站的前 CEO（Chief Executive Officer，首席执行官）与另一位高管合伙创业，但推出的通讯录软件在市场上反响平平，甚至被网友戏称为"学生夏令营的编程作品"。

再如，安卓系统的创始人 Andy Rubin（安迪·鲁宾）在 2015 年创立了 Essential Products 公司。Andy Rubin 怀揣着对安卓系统的反思进行创业，提出了六大前瞻性构想，试图打破当代智能手机的局限，这引发了媒体的广泛关注。后来，Essential Phone 发布，从工艺复杂的机身到高标准的配置，进一步拉高了消费者的期待。

然而，由于 Essential Phone 机身的工艺实在过于复杂，生产难度和成本过高，投入量产并非易事，因此只能一再推迟交货时间。Essential Phone 上市后，好评与批判齐发。在经历了 Essential Phone 的高开低走后，Essential 也开始了一路的下跌。

从这些例子中可以看出，尽管这些出身于大企业的创始人对行业前景有着较为准确的判断和独到的见解，但他们往往因为习惯于高瞻远瞩的战略思维，而忽视了公司的实际情况。在大公司中，他们拥有稳定的资源和团队支持，即使决策失误，也有公司来承担后果。但在创业公司中，这种不接地气的决策方式很容易拖垮整个团队。

因此，作为 HR，在与这类创始人合作时，需要扮演好"放风筝的人"的角色，时刻关注并调整手中的"线"。无论创始人怀揣着多么伟大的梦想和愿景，HR 都需要时刻提醒他们关注现实问题，合理分配有限的资源。同时，HR 还需要帮助创始人建立正确的心理预期，让他们明白在创业过程中，收益可能有限，损失可能无法预料。

总之，大厂出身的创始人拥有丰富的经验、资金和能力，但同时也可能受到原有工作环境的影响，过于理想化。HR 需要从现实角度出发，引导创始人关注现实问题，确保资源得到有效利用，从而打造出吸引消费者的可盈利产品。

3.3 小公司出身 HR：提升自我是重点

HR 是一个入行门槛较低但是上限很高的职业。真正能够成为 HRD（Human Resources Director，人力资源总监）、CHO（Chief Human Resource Officer，首席人力资源官）的人，往往都是在工作中不断学习和进阶的人。

很多创新创业公司没有名气，无法吸引大厂出身的优秀 HR，只能退而求其次，选择小公司出身的 HR。这些 HR 虽然在小公司工作数年，但因缺乏系统培训和深入思考的机会，在解决问题的策略和方法上显得相对浅薄，专业度有所欠缺。

对于这些 HR 而言，加入创新创业公司不仅是一个全新的职业起点，更是一个提升自我、突破自我局限的绝佳机会。他们必须认识到，要跳出"原地打转"的怪圈，就必须不断地学习新知识，掌握新技能，通过实践来积累经验和提升专业能力。只有这样，他们才能不断挑战自我，实现职业生涯的跨越式发展。

3.3.1 层级定位：认清自己的起点

提升自我的第一步是认清自己的起点。通常来说，HR 的工作主要分为 4 个层级，从低到高分别是执行层、专业层、管理层和战略层。HR 可以通过梳理自己过去做过哪些方面的工作，明确自己处在哪一层级，这样才能有针对性地向上发展。

(1) 执行层

刚入行的 HR 基本是先从执行层做起，这一层级的工作比较基础，也很琐碎。例如，发布招聘信息、联系求职者、制定与发放薪酬、管理员工档案以及组织一些简单的活动等。

如果 HR 还处在这一阶段，就要确保自己熟悉并掌握人力资源工作的政策和制度，熟练使用人力资源管理软件。同时，HR 还要利用这些琐碎的基础性事务培养自己耐心、细心的工作态度。执行层的工作起到基础性、保障性的作用，是 HR 职业发展的起点。

(2) 专业层

处于专业层级的 HR 做的是系统化的人力资源管理工作。例如，建立一套适合创新创业公司现状的招聘体系，以助力公司招聘到合适的人才；建立一套基础的培训体系，促使人才快速融入公司，胜任工作；建立一套明确的绩效管理制度，将员工的工资和工作业绩挂钩，激励员工在自己的岗位上做出成绩等。

如果 HR 处在专业层级，就要在这一层级中不断地实践，丰富自身的专业知识，通过自主学习提升专业能力。

(3) 管理层

处于管理层级的 HR 能够做到"跳出专业看专业"，做的是策略性的人力资源管理工作。他们充分了解公司的业务逻辑，能够及时察觉不同部门、员工的需求，利用自身的专业知识为公司提供系统性的解决方案。例如，有的部门业绩太差，或者公司准备开辟一条新的业务线，HR 能够具体问题具体分析，给出行之有效的策略。

如果 HR 处在管理层，就意味着已经积累了不少经验。HR 要在这一层级充分锻炼自己的沟通能力、组织能力，培养出一定的魄力，吸引团队里越来越多的人支持自己，让创始人意识到自己的重要性。

（4）战略层

处于战略层级的 HR 具备前瞻性思维，做的是关系到公司整体战略的人力资源管理工作，例如，公司未来三年要进行业务转型，该如何调整核心人才梯队、如何调整企业文化等。这个阶段的 HR 关注的是整个行业的发展趋势，能够做到"走一步，看三步"，甚至"走一步，看十步"。

到了这个层级，HR 已具有很强的市场竞争实力，能够未雨绸缪，为公司提供高价值的信息，因此很难被取代。而且，处于这个层级的 HR 手中往往掌握着很多客户资源，一旦离职很有可能会把这些客户也一并带走了。因此，公司要想方设法留住处于战略层的 HR。

HR 可以根据实际情况判断自己目前处于哪一层级，并通过不断学习与积累提升自己的能力，向着更高的层级发展。

3.3.2　自我修炼：拒绝"原地打转"

HR 要适时地进行自我反省，思考自己在工作中的进步与不足之处。许多小公司出身的 HR 一直在"原地打转"，工龄增加，工作经验却没有实质性的提升。如果发现自己存在这样的情况，那么 HR 就要着手进行自我管理，及时调整状态。

（1）积极调整心态

很多小公司出身的 HR 认为自己起点较低、经验不足，无法胜任创新创业公司从 0 到 1 的人力资源工作。在这种心态的影响下，即使有向上的机会，HR 也没有意识和勇气去争取。因此，HR 自我管理的第一步是调整心态，敢于尝试和争取。成功了固然是更进一步，即使失败了 HR 也能从中汲取经验教训，为争取下一个机会积蓄力量。通往成功的道路上总是机遇与挑战并存的，良好的心态是 HR 抓住机遇、战胜困难的重要支柱。

（2）掌握沟通技巧

HR 的工作涉及与各种类型的员工、客户进行沟通，因此沟通技巧至关重要。一个善于沟通的 HR 能够为公司吸引人才、化解矛盾，甚至提升创始人、领导者的能力，成为公司的"门面"。

擅长沟通，不仅意味着 HR 具备深厚的专业知识储备，能够言之有物，而且能够精准、简明地传达当下所需的信息，确保听众能够清晰、透彻地理解。对于 HR 而言，沟通能力的提升并非一蹴而就，需要他们在日常工作中持续积累，不断进取。因此 HR 应勤奋学习，主动拓宽知识领域，丰富自己的文化内涵，以便在各种沟通场合中都能游刃有余。同时，他们还应多观察、学习优秀同事的沟通技巧，勤于实践，逐渐打磨自己的沟通技巧，以达到更高的沟通水平。

（3）注重自我形象管理

HR 是公司对外沟通的窗口，许多求职者对公司的第一印象就来源于HR。因此，HR 应该加强自我形象管理：一方面是外在形象，时刻保持干净整洁，根据不同的场合搭配不同的服饰；另一方面是内在修养，例如，沟通技巧就是内在修养的一部分。HR 需要不断学习，充实自我，提升自己的气质。

　　强者从不抱怨环境。诚然，无论外部工作环境会带来怎样的助益与困难，自身强大永远是 HR 的底气。笔者衷心地希望各位 HR，无论你来自哪里，无论你面对的是什么，都不要骄矜自恃、自怨自艾，而要以自身的创造力和学习力不断拓宽视野、汲取经验，永远保持向上的姿态，不断追求卓越。

第 2 篇

创新创业公司的『团队』

第 4 章
找准联合创始人

很多创始人的创业之路，都始于自身在某一个领域做得很出色、取得了一定成果，进而思考要不要创业、如何开始创业。

找到一个志同道合的联合创始人一起创业，是创始人首要思考的问题。联合创始人这个角色究竟是怎样的存在？联合创始人一定要出身于大厂吗？本章将解决这两个问题，帮助创始人找到优秀的联合创始人，顺利开启创业之旅。

4.1 联合创始人是怎样的存在

从某种程度上来说，找到合适的联合创始人比确定商业模式还重要。商业模式可以根据市场情况的变化、核心资源的变动进行调整。而联合创始人具有独特的重要性和价值，最好保持稳定，不要频繁变化。哈佛商学院的一项研究表明，65% 以上的创业公司失败都与创始团队不稳定有关。而其中，绝大部分是联合创始人不合适导致的。

4.1.1 联合创始人的重要性

综观市场中比较成功的创业公司，如苹果、脸书、谷歌、微软等，可以发现，它们在创建伊始都有联合创始人。

提到苹果，人们首先想到乔布斯，可是真正影响乔布斯，使他对电子技术产生兴趣并创办苹果公司的人是联合创始人 Stephen Gary Wozniak（斯蒂夫·盖瑞·沃兹尼亚克）。他在电子工程领域展现出极高的天赋，25 岁时就自己组装了一台电脑，后来被命名为 Apple I。这是苹果公司的第一个产品，帮助他们赚到了第一桶金。

事实上，沃兹尼亚克在设计 Apple I 时没想过用它来赚钱。但乔布斯很有想法，他觉得大部分人都没有时间和精力自己组装电脑，与其让沃兹免费送出自己的设计原理图，不如直接卖他们做好的主板。

于是，乔布斯联系了自己在雅达利公司的熟人，让他绘制电路板，并制作 50 张左右。每张电路板定价 40 美元，这样除去绘制、制作的成本以及给设计者的酬劳，他们还能赚到 700 美元。

然而，沃兹尼亚克不相信他们能把 50 张电路板全部销售出去。但作为他的高中同学兼好友，乔布斯知道怎么说服他。他没有用赚多少钱来说服沃兹尼亚克，而是将这笔生意形容成"一次有趣的经历"。他对沃兹尼亚克说，即使赔了钱，我们也算拥有了一家公司。对沃兹尼亚克来说，开公司的吸引力比赚钱大得多。

为了筹集资金，沃兹尼亚克把自己的惠普 65 型计算器卖了 500 美元。乔布斯则卖掉了自己的大众汽车。两人凑了 1300 美元的创业资金、一个产品设计方案和一个计划，准备创立自己的电脑公司。

然而，沃兹尼亚克当时还是惠普的员工，他不想放弃自己在惠普的工作，而且希望惠普也能使用他设计的电路板。乔布斯很清楚，沃兹尼亚克设计的电路板将是苹果公司的核心竞争力，即使当下不能让他立刻离开惠普，也要确保沃兹尼亚克的设计专属于苹果公司。于是乔布斯找来了自己在雅达利的朋友，也就是苹果的另一位联合创始人 Ron Wayne（罗恩·韦恩）。三人在罗恩·韦恩的公寓谈了两个小时，终于让沃兹尼亚克的设计完全且唯一属于苹果这家新公司。

沃兹尼亚克曾表示，每次他设计出一样很棒的东西，乔布斯就会找到办法来赚钱。早在 Apple I 尚未完成时，沃兹尼亚克就看到乔布斯是如何与英特尔的销售代表打电话交涉，最终成功帮他要来了免费的芯片和其他零件。韦恩也曾表示，一位伟大的工程师必须和一位伟大的营销人员合作才能够成功。由此可见，乔布斯的商业能力与沃兹尼亚克的技术才华，为苹果公司的发展奠定了坚实的基础。

SONY 的创始人井深大也是一个技术"大牛"，大学时期就凭借自己的发明"动态霓虹灯"拿到了巴黎万国博览会的优秀发明奖。而另一位创始人盛田昭夫，家中世代经商，他本人拥有敏锐的商业眼光和创新的经营理念。SONY这一品牌名的构想源自盛田昭夫，为的就是让外国人更好理解和记忆，这在20世纪50年代是极为先进的理念。他们的联合，让索尼走向了全球市场。

美国培训与发展协会研究表明，一个负责任的伙伴能够将任务的成功率提高至95%，而一个靠谱的联合创始人往往能够更好地激发创始人的热情，使他更容易在创业之路上坚持下去，并在团队组建、业务突破中发挥领军作用。

创始人与联合创始人往往志同道合、相互补足。这种互补不仅体现在技术、资源上，还体现在思维、看问题的视角上。一个偏创造、理想型的创始人和一个偏实干、现实型的联合创始人，会用差异化的视角去看待创业之路上的每一个决策，这些决策经过多种思维的打磨，会更有利于公司的发展。从这个维度来看，性格互补、成长背景互补的创始人和联合创始人，更适合合伙创业。

创业之路充满未知与挑战，团队成员间难免会产生冲突。恶性冲突往往针对个人而非问题本身，可能引发人身攻击，甚至给团队造成不可挽回的损失。良性冲突通常对事不对人，双方能够清晰地表达观点，如"我认为你在这种情况下的做法不合适，因为×××"。可靠的联合创始人能够在冲突爆发时抓住主要矛盾，避免冲突恶化和升级，运用智慧化解冲突，让团队成员之间的关系更加紧密。

当创始人陷入沮丧、绝望的情绪时，联合创始人能够及时鼓舞士气、稳定军心；当创始人过于自信时，联合创始人能把他拉回现实，提醒其脚踏实地。创始人的情绪稳定，团队就不会陷入"情绪过山车"的状态，对公司发展能起到积极作用。

此外，联合创始人能够让创始人产生一种心理依赖。这种依赖是员工、顾问、家人、朋友都无法给予的。联合创始人是和创始人共担风险的人，他会毫无保留地帮助创始人，理智地分析现状，辅佐创始人做出正确的决策。

因此，创始人应坚定地选择和寻找合适的联合创始人，避免单打独斗，摒弃个人英雄主义，和联合创始人共同努力，共同面对挑战，共同创造辉煌。

4.1.2　联合创始人的定位与画像

联合创始人在公司的定位通常有三个。一是补短板的悍将。如果公司缺少技术大拿或者能与客户谈判并赢单的销售，那就需要一个具备卓越能力的联合创始人进行动态补位，补齐公司的短板，确保公司能够在业务上取得实质性的进展。

二是上传下达的"温度计"，具备探测团队温度、掌控业务节奏的能力。在业务上，联合创始人要协助创始人将公司的战略转化为具体的行动计划，并推动其在组织内部的各个部门中落地，在确保大方向不出错的情况下，逐步执行一个个小目标。

在管理上，联合创始人要随时关注团队的温度，充当温度探测器的角色。当创始人想法比较多、要求较高，而团队跟不上，出现"火车头"和"车身"脱节的情况时，联合创始人要及时与创始人以及相关人员沟通，尽快解决问题。

三是能够做创始人的诤友，有直言不讳的勇气。创始人不是圣人，不是所有决策都是正确的,有时候也难免会上头,决策出现偏差。在这种时候,联合创始人应当勇敢地站出来,与创始人进行深入的对话和探讨,指出问题所在,并共同寻找解决方案。联合创始人要坚守自己的立场和原则,为公司的长远发展贡献智慧和力量。

以阿里巴巴的彭蕾为例,她作为公司的联合创始人之一,在阿里度过了二十多年的时光。她曾在一篇广为流传的访谈中表示,她的主要任务就是将创始人那些充满创新和远见的想法转化为现实。这种将理想与现实相结合的能力,正是联合创始人在公司中不可或缺的价值所在。她的经历也引发了众多创业者的共鸣,证明了联合创始人在公司发展中的重要作用。

基于以上的三个定位可知,联合创始人是一个非常关键又面临很大挑战的角色。那么什么样的人才是符合这三个定位的联合创始人呢?我建议大家可以从以下的联合创始人画像中寻找灵感,如图 4-1 所示。

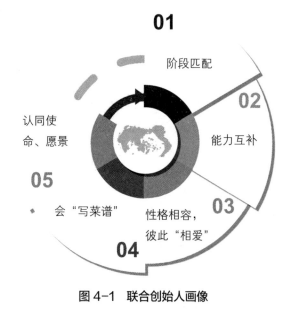

图 4-1 联合创始人画像

（1）阶段匹配

理想的联合创始人，应与创始人在创业热情、人生阶段以及精力投入上保持高度一致。他们怀揣着相同的创业愿景，步伐一致，能够携手共进，使创业之路步入新的阶段。

笔者曾经辅导过一个创业团队，创始人家庭稳定、富足，有人照顾孩子，没有后顾之忧，能够全身心投入事业中。而其联合创始人却相反，孩子正处于关键的考学阶段需要人照顾，因此联合创始人需要投入较多的精力在家庭上。

这种人生阶段的差异使得联合创始人在创业过程中的压力倍增，两人因各种矛盾而争执不休，最终以联合创始人离开结束。虽然两人是同学、前同事，彼此欣赏，但是人生阶段不一致，家庭可调动资源不一致，难以在创业道路上形成真正的合力。

在初创阶段，创始人可能会倾向于选择高段位的人作为联合创始人，如曾任职于大公司的高级管理者。然而，这样的选择并非易事，即使成功招募，如果联合创始人未能适应初创公司的特殊环境，或未能找到合适的位置和角色，双方可能会因工作能力、风格等不匹配而产生冲突，从而阻碍业务发展，最终不欢而散。

高段位人才之所以高，往往是因为他们拥有丰富的资源和团队支持，如丰富的市场预算、研发资源以及众多员工协助。但在创新创业公司中，由于资源有限，这些优势可能难以充分发挥。

因此，在选择联合创始人时，创始人不应仅仅看重其过往在大公司的经历或光环，而应更加关注其工作经历、方法、手中资源等是否与公司的当前阶段和业务需求相匹配。

(2) 能力互补

在创业起步阶段，创始人和联合创始人之间应当做到能力互补。如果创始人拥有技术背景，但是在商业运作和市场洞察方面存在不足，那么他就需要寻找一位运营能力强、有敏锐的市场眼光的联合创始人。这样的联合创始人能够抓住产品的市场需求点，将技术转化为商业价值，为公司带来实实在在的收益。

反之，若创始人商业头脑出众，但对技术细节不够了解，那么一位有技术实力的联合创始人便成为不可或缺的合作伙伴。他能够为产品提供稳定可靠的技术支持，提升公司的技术竞争力，确保公司在竞争激烈的市场中站稳脚跟。

(3) 性格相容，彼此"相爱"

这里的爱，指的是发自内心的欣赏和认同。一句话来概括，就是联合创始人和创始人能聊到一块儿去，有相同的价值观。但要如何判断呢？创始人和联合创始人可以参考 DISC 性格测试，如图 4-2 所示。

如图 4-2 所示，基本规律是：如果双方性格处在对角线上，大概率难以相容；如果是临边，就有可能相容。通常来说，高 D 型是偏领导型的，但对于创业的助益有待考量。高 D 型的人有魄力、积极主动、有远见卓识，但缺少亲和力和同理心，甚至有些独断专行。

高 I 型是适合创业的一种人格。他们善于沟通也乐于沟通，乐观、民主、富有幽默感，但有时会盲目乐观、过度承诺。

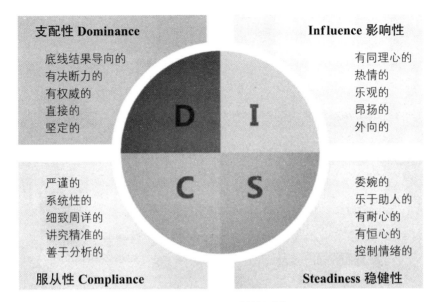

图 4-2 DISC 性格测试

笔者认识的一家广告公司的创始人，就是典型的高 I 型人格。她的公司主要是做平面广告和视频广告的，主要客户来自银行。有的客户会要求今天拍完，明天就出成片；有的客户则迫于上级的压力，反复催促、修改，压力不可谓不小。

但无论是与客户交谈，还是和员工开会，她总是从容不迫，很少发脾气或显露出悲观的情绪。有时业务量过大，员工忙不过来，客户催得又紧，她也能够安抚好客户的情绪，同时指导员工排好优先级，按部就班推进工作。

高 S 型的人更适合做团队中的领导者，他们富有亲和力、善于倾听、谦逊低调，同时擅长组织协调，但比较安于现状，不愿冒险，有时也会过于妥协。

高 C 型的人更适合做技术部门的领头羊，他们执行力强、精益求精、以身作则，擅长做计划和时间管理，但不够灵活，缺少人情味，甚至有些钻牛角尖。

除此之外，MBTI（Myers-Briggs Type Indicator，迈尔斯 - 布里格斯类型指标）性格测试也可以帮助创始人和联合创始人快速了解彼此的性格。以下三类"MBTI 创业最强组合"可供创始人参考。

① ESTJ+ISTJ+ENFJ。ESTJ 型的人有很强的组织能力和执行力，目标明确，但比较强势。ISTJ 型的人忍耐力强，尤其体现在处理繁杂事务上。而 ENFJ 型的人心思细腻，同理心强。二者能够有力辅助 ESTJ 型的人，使其优势最大化。

② ENTJ+INTP+ESTP。ENTJ 型的人号召力强、有决心、有谋略。INTP 型的人富有创造精神和钻研精神，能够客观分析现状。ESTP 型的人反应快、善于交际，能提出新颖独到的观点。这三类人实力都很突出，但性格都比较温和，能够彼此迁就。

③ INTJ+ENTP+INFJ。INTJ 型的人有丰富的想象力，有雄心壮志，目标坚定。ENTP 型的人精力充沛、思维敏捷，擅长搜集多维度的信息，从而给出最准确的判断。INFJ 型的人比较喜欢在安静的环境中处理复杂事务，责任感和道德感很强。这三类人都拥有高智商，由 ENTP 型的人调动大家的积极性，而 INTJ 型的人能够保证大方向不出错，所以三人能够默契配合。

（4）会"写菜谱"

会"炒菜"和会"写菜谱"是两个不同层次的能力。会"炒菜"证明的是某人的执行能力，而会"写菜谱"，说明他不仅自己会做菜，还能整理出方法论教会别人怎么做。联合创始人要有会"写菜谱"的能力，把自己的经验、能力整理成一套 SOP（Standard Operating Procedure，标准操作流程），让下属员工有标准可依，从而带动整个团队成长。

（5）认同使命、愿景

联合创始人并非朝九晚五、领取薪资的普通员工。他们是与创始人并肩作战，共同追求远大事业理想的合作伙伴。然而，有些联合创始人并未将公司视为自身的事业，而仅仅将其视为一份职业跳板，或是单纯被"联合创始人"这一头衔所吸引。这种联合创始人是公司的一大隐患，一旦公司遭遇困境，他们极有可能会选择先行撤退。

因此，创始人必须与联合创始人深入交流，确保双方对公司的使命、愿景有着共同的理解和追求，并在价值观上达到高度的契合。只有那些真正认同创始人的理念，与创始人价值观相一致的联合创始人，才能成为公司最坚实的后盾。

在寻找与选择联合创始人的过程中，创始人应全面考量其过往经历、能力、资源、性格以及价值观等多方面的因素。这些因素共同构成了联合创始人在公司中的核心定位，决定了他们能否为公司带来长远的价值。

4.1.3　找联合创始人的三种方法

创始人应该在什么时候，以什么形式寻找联合创始人呢？通常来说，找联合创始人有三种方法。

一是开工之前，从外部寻找能补齐创始人短板的联合创始人。如果创始人的长板、短板特别明显，比如学生创业，由博士生、硕士生转型而来的创始人，商业能力不够强，不太擅长和客户、投资人进行沟通和交流。在这种情况下，创始人就需要在开始撰写商业计划书时，同步寻找一个商业能力比较强的联合创始人作为合作伙伴。这样的联合创始人能够弥补创始人在商业领域的短板，推动项目顺利进行，确保公司在商业运作中取得更好的成绩。

二是在融资阶段，从外部吸引。如果创始人或者早期团队能力比较均衡，能够迅速做出产品 demo，获得客户和投资人的认可，那么创始人可以在获得种子轮、天使轮融资时，同步在外部市场吸引联合创始人。如果联合创始人是后期加入的，创始人需要关注他和其他团队成员的磨合情况，确保团队协作顺利。

例如，滴滴打车的 CTO 张博是在滴滴打车完成天使轮融资后加入的。滴滴打车发展初期的软件不是他研发的，存在很多漏洞。张博的加入从技术层面弥补了滴滴打车团队的缺陷。在 2014 年"补贴大战"中，面对订单一周暴涨 500%、服务端承受很大压力的情况下，滴滴打车选择和腾讯云合作。张博带领团队与腾讯工程师进行滴滴系统第一次大规模的架构调整，最终使系统稳定，成功渡过难关。

三是先开工，从内部慢慢培养。这种方法对创始人的人才审美有非常高的要求。创始人需要清楚公司内部是否存在值得培养的人才。如果公司内部有能力出众、把公司事业视为己任的人，那么创始人就可以把他培养成联合创始人。这样的联合创始人是和创始人一起"扛过枪"的人，对于公司的了解程度不是外来联合创始人能比拟的。

例如，美团外卖的联合创始人沈鹏最开始时是美团的销售实习生，尽管没有任何销售经验，但是他勤奋刻苦（他的目标是一天至少见 8 位客户），而且能深刻理解创始人王兴的思路，因此很快就成了销冠，引起了王兴的注意。

后来，美团要将业务扩张到新的城市，于是，王兴把沈鹏派到天津开辟市场。沈鹏不负众望，把天津的业绩做到全国第二。在此期间，王兴曾多次到天津考察，对他的能力非常满意，还推荐沈鹏阅读《领导梯队》这本书，以提升他的管理能力。

之后，王兴把沈鹏调至创新产品部，让他和美团联合创始人王慧文一同拓展新业务。2013 年，沈鹏作为联合创始人参与创建美团外卖，同时担任全国业务团队的负责人。

从实习生、城市经理、大区经理、项目经理到联合创始人，沈鹏的成绩既是他自己努力的结果，也体现了创始人王兴慧眼识人和对他的精心培养。

创新创业公司的创始人可以采取以上三种方法寻找合适的联合创始人，确保联合创始人和自己的理念、目标契合，能够成为自己的左膀右臂，助力公司发展壮大。

4.2　找联合创始人，一定要用大厂人吗

在寻找联合创始人时，互补是关键。如果创始人擅长技术，他们会寻找产品领域的专家作为合作伙伴；如果创始人专注于产品，他们则期望找到一个运营高手来推进项目。这种思路是正确的。然而，有些创始人追求

更彻底的互补，他们倾向于寻找来自大型企业的资深人士，尤其是那些在大平台上成功完成过大型项目、领导过数百人乃至上千人团队的精英。

但是，一味追求大厂背景的联合创始人可能会引发一些风险。有时，即使公司成功吸引了这样的大咖加入，业务进展也可能并不如预期般顺利。更糟糕的是，这种不合适的合作可能会让真正适合的人才望而却步，因为他们可能会担心与这样的联合创始人合作会限制自己的发展空间，进而对整个团队的士气产生负面影响。

4.2.1 成功大厂人：甲之蜜糖，乙之砒霜

成功的大厂人确实有不可替代的优势。一方面，大厂人的职业化程度高，通俗来说就是靠谱、工作有章法。创始人给他布置一项任务，他能按部就班地制订计划，组建项目组，逐步推进。另一方面，成功的大厂人往往具备敏锐的市场嗅觉，他们曾参与"商战"以及一些大型项目，积累了丰富的商业智慧，这是许多创始人不具备的。

由博士生、硕士生转型而来的创始人，往往具有一定的科研经验和专业阅历，擅长技术和产品研发，但不擅长把产品推向市场。这类创始人就需要找一个成功的大厂人来担任 CMO（Chief Marketing Officer，首席市场官）。因为大厂人擅长拆解目标、跟进项目，更擅长推广一个优秀的产品。

还有一种创始人，擅长的是商业模式创新。他们有资源，也知道怎么和客户谈判，但缺乏可靠的技术方案。这种创始人就需要找一个出身于大厂的技术"大牛"来做 CTO。

以货拉拉为例，其创始人周胜馥不仅是一位学霸，还是一位商业奇才。他曾荣获香港"十优会考状元"，还在斯坦福大学攻读过经济学专业。此外，他还拥有 7 年的德州扑克竞技经验，通过专业统计软件分析并复盘牌局，从而找到规律并不断提升自己的胜率，以此赢取了巨额奖金，并成功投资了多个领域的项目。周胜馥的冒险精神和敏锐的商业洞察力为货拉拉的创立与发展奠定了坚实基础。

而货拉拉的 CTO 张浩则是一位典型的技术人才。他曾在微软、领英、Uber 等知名企业从事大数据分析、机器学习等工作，回国后，他在滴滴研究院担任高级总监、在饿了么担任技术副总裁等职务。

张浩在大数据和机器学习领域拥有深厚的理论与实践经验。自 2019 年加入货拉拉以来，他致力于运用 AI 和大数据提升公司的技术竞争力，如打造"智慧大脑"系统、研发"安心拉"车载设备等，有效提升货运效率，降低安全风险。

创始人需要注意，在寻求技术型联合创始人时，应选择具备一线开发经验的大厂技术人才，而非长期脱离一线的技术管理者。因为管理者虽擅长分析和诊断，但他们可能并不具备从 0 到 1 的实际开发经验。

当然，并非所有创始人都适合找一个成功大厂人作为联合创始人。如果创始人是大学生，依靠自己的技术创业，就不适合选择大厂人作为联合创始人。因为大厂的工作流程、规章制度都比较严谨，而大学生没有管理公司的经验，更追求自由的工作氛围，习惯严谨环境的大厂人可能难以适应，两者在合作中可能会产生摩擦，导致业务推进困难。

再者，若创始人的业务涉及线下零售，需快速将产品铺货至全国众多城市，那么大厂人可能同样并非最佳选择。此类工作需要强烈的信念和灵活的应变能力，而大厂人所擅长的严谨的工作方法在这种环境下可能难以发挥最大效用。

就笔者个人经历来说，我是从 2008 年进入人力资源行业，从事高端人才猎聘工作，到 2023 年已经 15 年了。笔者基本上每天至少和 2 位中高端候选人沟通，每周至少要和 8 到 10 个人沟通，更不要说每年八九月份集中进行校园招聘的时候了。这些年来，笔者积累了近万人的面试沟通案例，这让笔者能够在一场面试中快速地判断候选人的能力，判断他和岗位的适配性。

但是很多创始人不是人力资源专业出身的，所以很容易被大厂光环迷惑，陷入晕轮效应的误区。候选人曾在知名大厂工作过、参与了很多大项目，就像太阳光折射形成的日晕，使创始人觉得他"光芒万丈"，进而以偏概全，无法客观辨别候选人是否真的与岗位匹配。

因此，选择联合创始人时，创始人必须充分考虑自身特质（如性格、专长等）和业务需求，确保双方能够互补、协同，共同推动公司的发展。成功的大厂人虽有其优势，但并非所有情况下都是最佳选择。

4.2.2 失败/"草根"：白萝卜胜过帝王蟹

在寻求联合创始人时，除了那些成功的大厂人，创始人也应看到其他可能性。有些人来自大厂，曾尝试自主创业但未能成功；还有一些"草根"创业者，他们或许没有显赫的学历和背景，但也曾尝试自主创业。这些人是理想的联合创始人吗？笔者认为只要找到适配点，他们也能成为创始人寻求的理想联合创始人，帮助创始人少走很多弯路。

我常常用"炖羊排"这个比喻来向创始人解释。在寒冷的冬天，当我们想要炖一锅美味的羊排时，与其最搭配的并不是昂贵的帝王蟹，而是那看似普通却不可或缺的白萝卜。在寻找联合创始人时，创始人应追求互补，而非一味追求光鲜的背景。有些创始人可能抱着"我很厉害，所以也得请一个很厉害的人"的想法，希望团队中汇聚各路豪杰，星光熠熠。

比如，我之前接触过的一位创始人，他从事的是与 C 端联系紧密的消费品业务。他的联合创始人出身于宝洁这样的大型外企。他看重的并非这位联合创始人过去谈成了多大的生意，而是他在宝洁的工作经验，包括如何进行市场调研、通过线上线下渠道获客、与消费者互动、将产品推向市场等。

因此，对于从事消费品业务的创始人来说，如果目标市场是国内，那么寻找具有大型外企（尤其是在中国有成功落地经验）背景的人作为联合创始人是一个不错的选择。如果是面向国外市场，那么在国内受过国际教育或在国外接受过本科、研究生教育并具备相关行业经验的人则更为合适，因为他们更了解当地的市场情况。

如果创始人是做 B2B 业务的，那么最好寻找一个做过这方面业务的人作为联合创始人。B2B 客户的采购逻辑更为复杂，决策链条更长，专业性也更强。理想的联合创始人应是大厂中曾涉足过此类业务的精英，或是拥有 B2B 创业经历的人。他们熟悉从用户调研、售前咨询、售中跟进到售后服务的完整流程，并具备出色的组织协调能力。与这样的联合创始人合作，对于创始人而言，无异于获得了一套详尽的避坑指南，有助于公司在复杂的商业环境中稳健前行。

而对于那些致力于线下零售业务的创始人来说，与"草根"创业者携手合作可能更为合适。这类创业者通常具备强大的学习力、执行力和意志力，擅长攻克市场难题。同时，他们深谙人情世故，擅长管理团队并懂得如何论功行赏，这些特质在公司初创阶段显得尤为重要。

总之，寻找联合创始人不是追求群星闪耀，而是相互点亮，实现真正的互补与协同。无论对方过去的成就如何，重要的还是他们能否为创始人的业务带来实质性的价值，特别是能否"点亮"当下的业务，与创始人共同创造美好的未来。

第 5 章
招募其他团队成员

通常来说，CEO、CTO 级别的公司"首脑"只有寥寥几人。当这几个人确定之后，创始人就要搭建联合创始人团队的"减一层"，也就是寻找联合创始人之下的其他成员。

搭建"减一层"的过程，也是创始人通过不断见人、选人，提升人才审美的过程。这个过程是创始人与候选人的双向选择，创始人既要积极主动地展现自己的诚意，也要选对渠道，通过"四次沟通"，最终选定团队成员。通过和大量的候选人见面、沟通，创始人能够积累经验，提升人才审美，找到最合适的团队成员。

>>>>>

5.1 清晰的 BP：展现创始人诚意

在寻找候选人之前，创始人要先书写一份招募人才的 BP（Business Plan，商业计划书）。很多人以为这是要给投资人看的材料，其实不完全是。这份 BP 也要给候选人看，这是展现创始人诚意的第一步。

一份好的 BP 不仅能把创始人想做的事情说清楚，还能站在候选人的角度，去分析他们的职业发展和创业方向的关联，站在他们的角度去思考问题。这是创始人尊重候选人的体现。

5.1.1 BP 书写：原则 + 细节 + 常见误区

书写 BP 的原则有三点。一是文字精简，能够用一句话表达清楚的，就绝不用大段文字堆砌。二是控制材料的页数，要让候选人在几分钟内就能全部看完。三是要直奔主题，讲重点。我之前看到过一份由新能源行业的一位创业者书写的 BP，仅是介绍行业现状就用了三四页，介绍竞品情况又用了三四页。这会让候选人感到疑惑——创业者的项目具体是什么？它的价值、盈利模式是什么？

对于 BP 细节的把控，要体现创始人的专业度和用心程度。一是命名和格式。BP 文件的命名最好是"项目名称 + 所属行业 + 所在城市 + 融资轮次"，用 PPT 制作，最后转成 PDF 格式，避免乱码，文件越小越好。

二是图片画质要高，图表数据要准确，同时巧用 LOGO。如果团队里有成员曾在非常有名的公司任职，那么在介绍他的履历时，可以用 LOGO

代替文字，这样更有记忆点。

三是整体风格要简洁、美观且统一，颜色不要超过 3 种。例如，滴滴打车当初用来融资的 BP 就以橙色为主色调，和它主产品的颜色保持一致。

关于 BP，有一些常见误区。例如，有的创始人觉得 BP 越详细越好，其实并非如此。BP 只需要能讲清楚公司的核心优势，并展示组织管理、人才发展、薪酬待遇等和候选人息息相关的信息即可。

有的创始人担心项目被抄袭，不敢展示核心内容，其实这种担心没有必要。真正的好项目不是别人看了一份 BP 就能轻易复制的，而且好的点子也不是只有创始人才能想得到的。BP 的价值就在于吸引人才、投资人，因此创始人要最大化地展现自身优势。

5.1.2　给候选人看的 BP 书写指南

关于如何书写 BP，创始人不必有太大的心理压力，核心有三点：自己创业的逻辑、已有的核心资源以及对创业团队成员的期待。一份给候选人看的好的 BP 主要由以下内容组成。

（1）项目名称，要做什么

BP 中要有项目名称和一句话的公司业务介绍，说清楚创始人要做什么事情，不要仅突出公司名称。此时，对于创新创业公司来说，公司名称不是最重要的，要做什么事才是最重要的。

（2）行业分析

这部分主要是告诉候选人，自己的项目在行业内的重要作用。

一是介绍行业现状，包括市场容量。市场容量要写清细分市场的具体规模，不要夸大。例如，宠物食品行业分为主粮、零食和营养保健食品三类市场。主粮市场下细分干粮、湿粮等。零食市场下细分罐头、饼干、肉条等。营养保健食品市场下细分蛋白质、益生菌、营养膏等。

二是行业痛点。这方面要对行业痛点进行有理有据的分析，展现项目的重要性和必要性。

三是用户痛点。列出用户痛点，及其和创业项目之间的关系。用户痛点是创始人证明产品价值的切入点，因此要足够精准。

（3）产品/服务

这部分是 BP 的重点，既要简洁明了，又要将产品的亮点最大化地展现出来，页数保持在 1～3 页即可。

一是产品形式，如网站、公众号、App、实物等，最好能提供照片。

二是核心功能和优势。这部分最好控制在三点以内，创始人一定要思考什么样的产品优势才能打动候选人。以某个灭火器项目为例，虽然环保材料的使用确实是一个亮点，但灭火器的核心功能——快速有效地灭火，特别是在处理大规模火灾如森林大火时的表现，才是其真正的价值所在。因此，创始人需要明确哪些优势能够最直接地体现产品的实用性和市场价值，切忌在次要特点上过度投入而忽视了核心竞争力的展现。

三是产品进度展示。产品进度应根据项目的具体属性通过一些有针对性的指标展示出来。例如，对于游戏类项目，一个实际运行的 demo 或者游戏截图往往能够直观地展现项目的进展和潜力。而对于媒体属性的项目，用户数据的展示则显得尤为重要，如活跃用户量、增长用户量等。

（4）竞品分析

创始人要尽可能找与自身项目阶段、模式和估值相近的竞品，依次标记为 A、B、C 等，并深入分析它们的优劣势。这一分析旨在展示创始人及团队对市场动态的敏锐洞察力和专业能力。在阐述过程中，务必保持客观公正的态度，避免贬低竞品。

（5）商业模式

一是说明项目现在是否盈利，将如何盈利。如果盈利，就要用确切的数据图表来证明。如果没有，就在已有订单基础上，对未来收入进行合理预估，或者评估能否在将来某个时间节点，基于某种原因实现爆发式增长。

二是用图表展示项目的运营现状。以 App 项目为例，明确项目当前所处的开发阶段（注明开发周期），并展示当前的用户量、交易额、留存率等关键性数据，以便候选人对项目进展有直观的了解。

（6）核心团队

团队成员介绍部分聚焦在 2～4 位全职核心成员即可。每位成员的简介应包括姓名、照片、过往职业背景以及在团队中担任的职务。

（7）对候选人的期望

在介绍完核心团队后，创始人可以表明对候选人的期望。此部分旨在明确阐述团队目前缺乏的关键能力，并表达对所需人才的期望。

（8）发展规划

一是通过精心编排的时间轴，回顾项目自立项以来的关键里程碑，如立项、产品上线、重要融资事件、显著增长节点等，以展示项目的成长历程和稳定性。

二是对项目未来的走向进行预判，如拓展产品线、进入新市场、对外合作、开展营销活动等，让候选人了解公司的规划。发展规划可分为短期、中期和长期，短期规划要重点讲。

（9）融资情况

融资情况包含过往融资情况和融资需求。融资需求需包括所需额度、资金用途以及出让股权。资金的使用周期通常为 24 个月，资金用途要分条列点写清楚，如产品研发费用占比、员工工资占比、营销推广费用占比等。

（10）封底

在 BP 的封底部分，创始人应提供个人联系方式（如电话号、微信号），以便有意向的候选人能够与创始人取得联系。同时，附上产品的高清图片和二维码，方便候选人深入了解产品。此外，还可以加上项目的标语，以简短有力的方式传达项目的核心价值和愿景。

创始人还要根据 BP 发送对象、场景的不同，合理调整 BP 内容，确保详略得当，给候选人留下深刻印象。

5.2　选对渠道，切忌广撒网

许多创始人在公司初创阶段倾向于在多个已知的信息源，如朋友圈、微信群和行业社群中广泛发布广告，然而这并不是明智之举。

如果创始人未做好充分准备，或者信息源和传播渠道缺乏可信度，那么过度宣传反而可能被行业内的人士误解。他们可能会认为公司陷入了困境、资金紧张，甚至质疑创始人因无法招聘到合适的人才而不得不采取这种"卖力"的宣传方式。

因此，在吸引人才的过程中，选择合适的传播渠道至关重要。创始人需要识别并接近那些能够成为关键信息节点的人物，确保信息能够准确地传达给目标受众，避免不必要的误解和负面印象。

5.2.1　利用好职场弱关系

选对渠道的底层逻辑是六度人脉理论。通俗来说，就是最多通过六个人就可以认识任意一个陌生人。

20 世纪 60 年代，该理论提出者 Stanley Milgram（史坦利·米尔格拉姆）做了一个实验。他将写有一名居住在波士顿的股票经纪人名字的信随机发送给了住在美国不同城市的一些居民，并要求每位收件人将这封信寄给自己认为最有可能和这位股票经纪人认识的朋友。朋友收到信后，再将这封信寄给他认为最有可能和这位股票经纪人认识的朋友，以此类推。最终，这位股票经纪人收到了大部分信件。根据统计，平均每封信经手 6.2

次到达。

人与人之间的关系可以划分为强关系和弱关系。而在职场中真正能帮到自己的人，往往和自己都是弱关系。20世纪70年代，美国心理学家Mark Granovetter（马克·格兰诺维特）在波士顿郊区做了一个面向100个人的职业调研，发现这100个人中有54个人是通过个人关系找到工作的。但这54个人当中，只有16.7%的人是通过每周至少能见两次面的强关系找到工作的。而剩下的超过80%的人是通过弱关系，也就是通过一年甚至都见不了一次面的这种关系找到的工作。

这种弱关系帮助他们在职场中获得很多信息。因此，弱关系才是真正能帮到自己的关系。通常来说，朋友、家人、同学都属于强关系，他们非常了解你，也愿意帮助你，但问题在于，正是因为他们非常了解你，所以给到的信息往往没有太大的差异性。而弱关系不同，正是因为彼此之间的交往没那么频繁，他才有可能给你带来很多意外的信息。

对于创始人来说，猎头、行业精英、投资人等专业人士都是可以发掘的弱关系。他们能够帮助创始人打开信息传播的渠道，给创始人带来更多维度的信息。

如果是找猎头，那么创始人需要知道猎头公司的专业领域，了解猎头公司以前服务过哪些客户、为哪些岗位进行过招聘工作等，以评估猎头公司的业务水平与自身需求的适配程度。同时，创始人需要和猎头公司的核心顾问进行沟通，了解他之前跟进过哪些项目、服务过哪些客户以及对人事和法律知识的掌握程度。

许多猎头公司都有自己的官方网站，创始人可以了解其成功案例，加深对猎头公司的了解。此外，创始人还可以与其他创新创业公司的创始人、HR 建立合作关系，共享信息，以找到比较可靠的猎头公司。

最后，创始人还要清楚猎头公司的运作流程。真正的猎头公司应该先对所服务公司的背景、岗位职责、招聘需求进行全面的了解，进而规划候选人搜索策略，与候选人进行联络，经过严格的筛选后再将候选人引荐给公司。

如果是找行业精英，那么创始人要敢于开口，主动接触圈子里的大佬，向他们寻求帮助。利用当前发达的新媒体平台，如微博、领英、脉脉等，创始人可以积极建立与业内大佬的联系，并向他们介绍自己的项目、理念和需求。通过真诚的沟通和交流，创始人不仅有机会获得宝贵的建议和支持，还可能找到志同道合的合作伙伴，共同推动项目的成功。

在十几年的工作生涯中，笔者参加过很多行业峰会、私董会、分享会等。在这些会议上，经常有一些年轻人主动请求加我的微信。聪明的年轻人在加了微信之后，会发一段很温馨的感谢的文字，告诉我在会上都学到了什么，感谢与我相识。同时，他们也希望我能够为他们提供一些帮助，比如希望能够继续跟着我学习，或者在职业道路上能够得到我的一些指导。

在足够真诚的氛围中，笔者相信人都是能感受到善意的。行业中的前辈、精英也是非常愿意去帮助积极主动的年轻人。同理，创始人主动出击很重要。仅仅添加微信而不进行后续的沟通，等到需要时才提出请求，这样的做法既突兀又缺乏诚意。

投资人也是非常好的人脉资源。创始人能从投资人那里获取的不仅是人脉资源，还有公司管理、风险控制等方面的经验。因为投资人看过太多不同类型的创业成功或失败的案例，所以针对大部分公司管理问题，投资人都有一些"他山之石"可供借鉴。这些经验之谈能够帮助创始人从多个角度去审视公司发展过程中可能会出现的问题，从而提前建立心理预期。如果投资人拥有创业经历就再好不过，他能直接给出行之有效的建议，这甚至比资金更有价值。

同时，大多数投资人有很强烈的风险意识。和投资人沟通，创始人能够了解更多关于新业务、新市场的潜在风险。针对这些潜在风险，大部分投资人也能给出一定的建议和对策。

当然，不同的投资人能够提供的帮助因其所关注的市场和行业而异。但创始人需要明确表达自己的需求，这样投资人在接触项目的过程中才能更加留意并推荐合适的人脉资源。

最后，创业者还可以借助各大创业网站的平台优势，如36氪、IT桔子、i黑马、新芽等，进行公司宣传、学习交流，并参加各类培训课程，如《融资加速营》《新经济领袖成长计划》等，以积累知识、经验和人脉，为公司的发展注入更多活力。

5.2.2　与专业咨询公司携手

当创新创业公司发展到一定阶段，想要更进一步时，除了利用职场弱关系，创始人还需要借势，利用专业咨询公司的力量，提升公司的品牌声量，吸引更多的人才对公司产生兴趣、与创始人建立连接。

许多创始人往往对雇用专业咨询公司持有偏见，认为请财务、品牌营销等领域的专业人士成本高昂，不够划算。实际上，在笔者所服务的创始人中，比较成功或者业务进展非常顺利的创始人非常善于利用外部的专业力量。他们不是单纯地从成本角度计算自己花了多少钱，而是从投入产出比的角度去思考。他们考虑的是，自己投入的资金所能带来的潜在收益。

以牛大吉与华与华的合作为例，牛大吉是深圳一家以牛肉饭为主打品类的中式快餐品牌，早期以新零售模式在社区内销售鲜牛肉及熟食。2023年，牛大吉开始拆分业务，从综合型牛肉工坊向餐饮品牌转型。

华与华则是国内知名的战略营销与品牌咨询公司，为公司提供品牌战略、产品开发、广告创意等多样化的方案与服务，与蜜雪冰城、海底捞、大窑、晨光文具等品牌都有合作。

在和华与华合作之前，牛大吉的创始人吴海金已经在线下开了100多家门店，专营鲜牛肉，这是牛大吉1.0模式。

创始人吴海金不止步于做快餐品牌，意图向综合性的牛肉工坊转型，于是开始卖卤牛肉以及其他牛肉制品。这一举措打开了新的市场机会，于是吴海金开始探索牛大吉的2.0模式。

事实上，吴海金与华与华的合作速度之快让公司内外震惊。仅仅是与华与华的合伙人许永智打了一通电话，吴海金就付了200万元定金，开启了这次合作，而华与华也没让吴海金失望。

首先，华与华分析了牛大吉的商业模式，发现其底层逻辑是"替代"。也就是说，在原有鲜牛肉的基础上，牛大吉可以推出各类新产品以提高营收。至于推出什么新产品，则根据门店所处社区的商业环境来定。例如，社区里卤菜卖得好，那么牛大吉就可以卖牛肉凉菜；快餐卖得好，牛大吉可以卖牛肉饭、牛肉面。

之后，华与华利用自己的一套品牌三角形理论，帮助牛大吉进行品牌定型，如图5-1所示。

图 5-1　华与华品牌三角形理论

在话语体系上，华与华决定为牛大吉设计一句品牌谚语，最大化传播品牌价值。华与华详细研究了和牛肉行业相似的牛奶行业，发现国内消费者对"每天一杯奶，强壮中国人"这句口号十分熟悉，因此确定了牛大吉的品牌谚语"每天吃牛肉，强壮中国人"。

这句谚语的效果显著，不仅迅速刺激了门店消费，也让不少供应商和客户对牛大吉产生敬意，同时增强了牛大吉员工的使命感。

在品牌符号的设计上，华与华直接从牛大吉的品牌名中"牛"字入手，以"绿色牛角的黑牛"形成强烈的视觉冲击，加深消费者记忆，如图5-2 所示。

图 5-2　牛大吉品牌符号

黑绿撞色无论在白天还是夜晚都非常醒目，而且这个形象非常好描述，不少消费者在等人时会说"我在楼下那个大黑牛那儿等你"，进一步提高了牛大吉的知名度和影响力。这一形象在后期可引申出拟人化的品牌角色以及表情包、帽子、玩偶、摆件等，在线下门店宣传中吸引更多年轻消费者。

在产品结构的策划上，华与华通过专业的产品开发模型图，从牛大吉牛肉丸入手，将产品命名为"牛大吉特级潮汕牛肉丸"，同时强调产品的品种价值和产地价值。在包装设计上，除了沿用牛大吉经典的黑绿撞色外，华与华还在包装触感上下功夫，使用市场上高端雪糕同款的包装材质，提高消费者的使用体验。

2022 年，华与华与牛大吉联合开发了牛肉丸、牛肉干、零乳糖鲜牛奶、咖啡等多种产品，进一步完善了产品结构。2023 年，华与华对牛大吉牛肉工坊进行拆分，将牛肉饭、牛肉面以及咖啡等产品单独开店经营，进而吸引了更多消费者与加盟商，巩固了牛大吉的市场地位。

事实上，在与牛大吉合作之前，华与华已经和西贝、蜜雪冰城等知名品牌合作过。尤其是蜜雪冰城，华与华在帮助其开拓新城市的过程中证明了自身的专业服务和价值。而牛大吉的业务属性和蜜雪冰城类似，都需要发展二、三线城市代理，因此需要华与华的帮助。

从某种程度上来说，与华与华合作把牛大吉拉升到和西贝、蜜雪冰城等知名品牌同一水平的高度上。这种战略合作也是一种广告宣传，有了这样的品牌背书，牛大吉开展加盟商业务就会顺利很多。

由上述案例可知，专业咨询公司有其不可替代的价值。创始人不应仅仅聚焦于投入的成本，而应站在品牌发展的战略高度，深刻认识到专业性服务为公司带来的时间成本的节约和效率的巨大提升。

5.3 四次沟通，再做决定

在选择创业团队成员时，创始人不能仅通过一次沟通就轻易做出决策。创始人应至少与其进行四次沟通，分别是书面沟通、正式沟通、轻商务沟通以及"极端"场景沟通。通过四次沟通，创始人才能够对候选人的专业能力、性格特征、兴趣爱好等进行全方位的了解，做出的决策才更科学。

5.3.1 书面沟通

在组建创业团队的过程中，创始人首先要进行的是第一轮筛选，即通过审核候选人的简历进行初步的专业调研。这一步的目的是为后续的面试环节奠定坚实的基础，提高面试的效率和针对性。

首先，创始人需要审核候选人的基本信息，如工作经历、专利成果、竞赛实践等。如果基本信息存在明显不合适或表述模糊的情况，创始人可以直接将其排除。如果创始人寻找的是技术型人才，那么更需要对候选人的项目经历和学术研究内容进行深入考查，确保这些经历的真实性和相关性。

在评估工作经历时，创始人应关注候选人是否拥有与本公司业务相似或相同的项目经验，并仔细审查其描述的逻辑性和清晰度。候选人丰富的经历固然吸引人，但创始人需要从中筛选出与公司当前需求相匹配的经验，并评估其表述是否条理清晰、逻辑连贯，比如按照时间、空间、重要性层层递进进行描述。

如果有符合预期的候选人，创始人应牢记其工作经历，以便在后续的正式沟通中展现自己对他的了解，表达诚意。同时，创始人还需对候选人的专业领域有基本了解，以确保双方能够顺畅沟通。

其次，创始人需要关注简历的整体风格，包括简历格式是否规范、有无错别字、陈述是否条理清晰、语言是否简练等。创始人可以通过这些细节为候选人绘制初步画像，同时对他与公司文化的匹配程度进行初步评估。

再次，创始人需要审核主观内容，包括候选人的自我描述、个人评价等。这是创始人对候选人性格特点以及文化素养进行初步分析的重要环节。

最后，背景调查是不可或缺的环节。作为可能接触到公司机密的核心人员，创业团队成员的背景必须清晰、透明。创始人应核实候选人的身份证明、受教育经历、工作经历、犯罪记录等。针对一些专业岗位，如财会类岗位，创始人还要让候选人提供专业资格证书，并进行验证。创始人可以找专业的猎头或者背调公司来做这项工作。

需要注意的是，在筛选候选人过程中，创始人应特别注意尊重候选人的隐私和保密需求。即使创始人觉得某位候选人特别合适，想对他做进一步了解，也不要向其前雇主或同事打听信息，以免给候选人带来麻烦。

5.3.2 正式沟通

第二次沟通是正式沟通，即面试沟通。创始人会根据职位需求及候选人简历，引导候选人展示其专业能力，并据此判断其与职位的契合度。

在面试过程中，有四个注意事项。一是时间控制。面试时长应控制在40分钟内，寒暄部分最多5分钟。而且，整个过程要以候选人为主，他的讲述时间要在30分钟左右。

二是发言技巧。创始人要控制自己的表达欲，发言时间不要超过10分钟，聚焦重要的内容，如创业历程、行业见解和项目前景等。创始人在介绍自己的项目时，不要贬低竞品。此外，创始人发言的目的是激发候选人的表达欲，因此应尽量减少对候选人的直接评价。

三是人员。第一次与候选人面对面沟通时，创始人要独自去，不要带上其他人员。候选人被一大群人围观会感觉很不舒服，也会担心自己找工作的事情无法保密。

四是环境。面试要选择较为私密、安静的办公场所，确保交流不受干扰。同时，应避免选择离候选人当前任职公司过近的地方，以保障其隐私。

在面试前，创始人应明确考查目的，即希望了解候选人哪些方面的能力，并思考如何通过有效的交流方式获取这些信息。在此基础上，创始人要预先设定面试的切入点，确保面试能够迅速进入主题，提高沟通效率。

创始人可以通过候选人讲述自己的亲身经历或设定场景对候选人进行了解。在亲身经历方面，创始人要重点了解候选人曾在哪家公司做过什么项目、最后取得了什么成果。创始人可以以"在你目前取得的所有成绩中，你认为哪一个最重要"为切入点，在候选人回答的过程中要多追问细节。

具体来说，首先，创始人应询问候选人在哪家公司工作过。这不仅是为了确认他们的工作背景，更是为了了解其取得业绩的具体环境。有些候选人可能会自诩"我带领团队成员超额完成了业务目标，获得了管理层的认可"，但这样的表述往往缺乏具体背景。创始人需要警惕，因为某些业绩可能更多地依赖于市场形势而非候选人本身的能力。因此，创始人可以进一步提问，如"你之前就职的公司内部人员有多少""你在某一年升职是出于什么原因""在某个项目中你负责什么工作"等。

其次，创始人需要了解候选人参与过什么项目。通过了解其参与过的项目进一步了解候选人为了完成任务所采取的行动，包括他的工作流程以及针对不同问题所给出的解决方案。对于"我主要负责对项目的宏观把控""我非常重视对客户需求的了解，和客户的关系十分融洽"等含糊不清的答复，创始人应进一步追问。例如，"你说的这一点很重要，请举一个你深刻了解客户需求的例子，我想知道你是如何让客户满意的""你通常会在哪些方面投入时间以便更好地了解客户需求呢"等。

除此之外，创始人还可以询问以下四类问题，引导候选人讲述自己的工作经历，从中评估他与公司的适配度。

① 对于上一份工作的工作环境，你喜欢和讨厌的地方是什么？这个问题可以帮助创始人了解候选人的适应性，同时创始人也可以将其和自己公司的环境作比对，以评估候选人是否适合在公司工作。

② 可以说一件上级要求你做，但你觉得不舒服的事情吗？为了保护团队，你是否曾经陷入不利的境地？

这两个问题可以帮助创始人了解候选人是否诚实、正直，以及他应对不利情况的能力。

③ 站在你现在（或之前）的上级角度来看，你觉得自己需要改进的地方是什么？

这个问题能够让候选人换一个角度去讲出自己的不足。通过他的回答，创始人可以更全面、具象化地思考候选人加入团队后可能的表现。

④ 你特别忙的时候是如何完成任务的？有没有哪项重要工作是不属于你的职责范畴，但你主动承担并顺利完成的，你完成的动力是什么？

通过第一个问题，创始人可以了解候选人的规划能力和专注力。通过第二个问题，创始人可以了解他的责任心。在初创公司中，员工往往无法专注于一件事，大多身兼数职。因此，创始人要了解候选人能否合理分配自己的时间、按时完成任务，以及是否愿意承担更多责任、积极解决问题。

在设定场景方面，创始人要判断候选人对公司以及所处行业的了解程度，同时对他的个人属性做进一步考查。笔者列出了以下7类问题，创始人可以从中寻找灵感。

① 我们公司目前主要的竞争对手有哪些？你对这个行业感兴趣的点在哪里？你觉得这个行业未来会怎么发展？

这些问题有助于创始人考查候选人对公司以及行业的了解程度。

② 对于我们的公司、产品、文化以及你面试的职位，你想了解什么？

这个问题有助于创始人考查候选人对公司的了解程度。

③ 有哪些因素会让你不想在这里工作？

这个问题可以帮助创始人了解候选人的顾虑，从而采取措施，及时留住他。

④ 如果没有和我们一起搞研发，你会做什么产品？

这个问题可以帮助创始人了解候选人的兴趣是什么，以及候选人对公司的项目有没有热情。

⑤ 说出你最喜欢的 5 个 App 和原因。

这个问题可以帮助创始人了解候选人鉴别优秀产品的眼光，以了解他和团队成员是否契合。

⑥ 假如重来一次，在上一份工作中，你会做哪些事情，进而更好地完成项目或者解决困难？

通过这个问题，创始人可以了解候选人是否坦诚，以及他解决问题的态度和能力。同时，也是给他一个机会，让他证明自己在新岗位上能发挥出更强的能力。

⑦ 你有过远程办公的经历吗，当时遇到过哪些困难？

近几年远程办公的热度较高，如果创始人考虑到自己的公司可能也会出现这种情况，那就需要提前问一问候选人。

总而言之，正式沟通主要考查候选人与面试岗位的匹配程度。创始人需要提前做好准备，明确提问切入点，在倾听、询问的过程中要把握细节。

5.3.3　轻商务沟通

第三次沟通是轻商务沟通。创始人可以选在咖啡厅这种较为轻松、商务性没那么强的场所，与候选人面对面交谈。这一次见面主要是聊一些发散性的话题，考查候选人的应变能力。毕竟在创业过程中，初创公司可能会遇到一些意料之外的事，候选人需要有一定的预判能力和变通能力，才能应对突发情况。

创始人可以从以下问题中寻找灵感。

① 假如你负责的项目已经推进一段时间了，上级突然和你说客户的需求有变化，你会怎么办？

这是一种典型的突发场景。通过候选人的回答，创始人可以了解三个方面的情况：一是他能否考虑到所有可能出现的场景；二是从他的语速、语气（在一定程度上）判断他能否在压力下保持冷静；三是了解他（在可能出现的场景中）找谁帮忙，评估他的协作能力。

② 你喜欢在团队中工作还是自己单独工作？

这是一个典型的开放式问题，可以用于判断候选人是否具有冒险精神。对于这个问题，有两种回答值得创始人注意。其一，是过于笼统且缺乏深度的回答，如"我既能在团队中工作，也能独立完成工作"。这种回答虽然安全，但缺乏实质性内容，难以体现候选人的独特见解。其二，是长篇大论的表述，这往往意味着候选人难以抓住问题的核心，无法简明扼要地表达自己的观点。

在这个问题上，大部分候选人会表达自己更喜欢团队工作，这是较为安全的回答。但也有候选人会表达自己更喜欢独立工作，这样的候选人通常是多面手，只要进行适当的引导，他们也能和团队成员友好协作。

③ 你面临一个任务，但你的直属上级和 CEO 分别给出不同的完成方式，你该怎么办？

这其实是创新创业公司中常见的一种情况。为了确保任务的顺利进行和团队的一致性，最佳策略是邀请两位领导进行面对面的沟通，共同商讨并明确出最合适的执行方案。

④ 你愿意和 10 头像鸭子一样大的熊搏斗，还是愿意和一只熊那么大的鸭子搏斗？

这个问题乍一听很滑稽，但却是一个典型的考验候选人应对意外情况的问题，同时可以了解他能否融入公司文化。

⑤ 你觉得什么样的超能力对我们公司最有帮助？

这个问题不仅关系到公司的核心价值和业务属性，同时也考查了候选人的应变能力和创新思维。

轻商务沟通虽然不像正式沟通那样严肃，但也需要有一定的目的性和深度。创始人应在此次沟通中深入挖掘候选人的思维方式和价值观，对候选人进行更深入的了解。

5.3.4　"极端"场景沟通

第四次沟通可以在一些"极端"场景下进行。例如，创始人和候选人一起爬山、骑车、打球等，共同经历一些需要彼此付出一定努力，才能达到目标的事情。如果双方有共同爱好，如品茶、打台球等，不妨借此机会深入交流，增进彼此的了解。在聊天中，双方可以探讨一些与工作无关的话题，寻找心灵上的共鸣。

产生共鸣很重要。因为选择创业，不仅是换了一种工作，更是换了一种生活方式，在这个过程中会有非常多的矛盾。如果创始人和创业团队成员之间缺乏彼此欣赏和热爱的情感基础，那么他们将很难共同克服创业道路上的阻碍。

在初创阶段，创始人选择创业团队成员，专业能力这一因素的比重最多占到一半，剩下的一半应该是创始人与团队成员之间的感情。

在发展高度、广度都不确定的情况下，创业团队的能力与成员相互之间的感情能够创造出无限可能和自我提升的空间。如果缺乏感情基础，团队成员可能不愿意发挥自己最大的能力，或者不愿意与创始人携手前行。因此，第四次沟通的重点在于情感交流，通过不同场景的互动，深入挖掘创始人与候选人之间的共同点和情感纽带。

第 6 章
招募谈判：实现共赢是终极目标

确定候选人后，创始人需要与其进行 offer（录用通知）谈判。说服出身大厂的候选人加入创业团队是一个让很多创始人和 HR 都感到苦恼的问题。如果创始人看中的候选人来自一家薪酬、待遇远超创新创业公司的大型集团，创始人该如何"抓"住他？下面具体讲述创始人在谈判前需要做好的准备、谈判的切入点以及谈判后需要把控的细节。

6.1　谈判前：知己知彼，调整心理预期

谈判前，创始人要明确三点。第一，创始人要和候选人面对面谈薪酬、待遇等，这样才能让他感受到创始人的诚意。第二，前期工作（书写 BP、选渠道、沟通）一定要做好，这才是真正吸引候选人的关键，创始人想通过自己的"三寸不烂之舌"在谈判中"拿下"对方难度较高。第三，offer 被拒是常见现象，创始人要做好心理准备。

此外，创始人在与候选人见面之前，应深入了解候选人的换职痛点，并对谈判中可能出现的情况进行预判。这样不仅能更好地把握谈判的节奏和方向，还能在关键时刻做出更为明智的决策，从而增加谈判成功的概率。

6.1.1　分析简历，预判换职痛点

既然能进入 offer 谈判阶段，就说明候选人有往本公司跳槽的意向。而他跳槽的具体原因就是创始人说服他的关键切入点。在谈判开始前，创始人要认真研读候选人的简历，预判他的换职痛点，以便在谈判中有针对性地说服他。通常来说，出身于大厂的候选人的换职痛点有以下 6 个。

（1）没有晋升空间

大厂的晋升路径很清晰，但是职级越高，晋升的要求越高，需要的时间就越长。例如，在某大厂中，员工从 T4（工程师）升到 T5（高级工程

师）只需要一年多的时间，但一旦达到 T6（技术专家）、T7（高级专家）级别，晋升的难度和所需时间将大幅增加，且收入和地位的提升也不再那么诱人。一些候选人在权衡利弊后，会觉得晋升前景不明朗，从而考虑寻找更具挑战性的机会。

（2）工作范围狭窄

大厂通常拥有一套成熟的工作划分体系，员工往往局限于特定的工作范围内。例如，产品团队可能被细分为 B 端和 C 端，C 端团队内部又进一步细分为做用户研究的、分析用户行为的、分析竞争对手的、分析用户体验的、做功能设置的、协调项目的等。这种细化的分工使得许多员工长时间内无法接触到完整的产品流程，从而产生一种"螺丝钉"的厌倦感。创新创业公司通常能提供更广阔的工作领域，让员工有机会接触更多的工作内容。

笔者曾接触过一位大厂的产品经理，他擅长协调各方资源、整合各类人才。同时，他有一套非常完整的培训体系，拥有从 0 到 1 打造产品的方法论。但他缺少一个能直接接触客户和商业社会的平台，所以他的能力在创新创业公司中更能凸显出来。

当时笔者在一个周末请他和一家创新创业公司 CEO 一起吃饭，他们两人聊了 4 个小时，当场就定下了让他来做公司的产品一号位，直接负责从 0 到 1 再到 100 的整个产品规划。这家公司后续发展得非常好，几轮融资都很顺利。这位候选人后来感叹道，如果他还留在大厂，或许只能停留在专家级产品总监的职级，但他走出舒适区，选择加入创新创业公司，有了成为业界佼佼者的机会。

（3）无法忍受办公室氛围

人多的地方是非多，大厂的人际关系往往更加复杂。比如，那些对本职工作不满的候选人，一旦被领导察觉，可能会被贴上工作态度不佳的标签，导致绩效评分下降，甚至持续受到打压。更为复杂的是站队问题，一旦选择不慎可能就面临被边缘化、薪资减半，甚至被迫离职的境地。这种令人无奈的办公室氛围，往往成为许多候选人选择跳槽的主要原因。

出于这种原因而跳槽的候选人，从简历上看，通常是在一家大厂持续工作了很多年，且职业发展轨迹良好。然而，由于公司内部的人际矛盾，他们的上升道路受到阻碍，因此选择离开，寻找新的机会。

（4）大厂也不稳定

近几年，国内外大厂裁员的现象屡见不鲜。例如，微软一年内裁了1万多人，阿里巴巴也在调整自己的组织架构。这意味着传统意义上的"大厂铁饭碗"早已不复存在。如果候选人在大厂中的职位不是很重要，那么这种不稳定性将更加明显。许多大厂都积极尝试新业务，通常以三个月为一个试验周期。如果业务表现良好，则追加投入；如果效果不佳，员工就可能面临裁员的风险。对于这种处于不稳定环境的候选人来说，选择加入初创公司，不仅是对自身职业发展的重新规划，更是面对大厂不稳定性的必然转型之路。

从简历上看，这类跳槽的候选人可能在大厂的工作时间并不长，但频繁更换部门或项目组。

（5）开不完的会

大厂以严谨的管理制度著称，然而，这也带来了一些弊端。许多看似微不足道的事项，由于需要多层审批和多部门协作，不得不通过会议来解决。一些候选人选择离开大厂，正是因为他们发现自己的大量时间被浪费在协调人员和参加会议上，而这些活动不仅耗费精力，而且对他们的职业生涯几乎没有实质性的帮助。

（6）寻求转变，追求自我实现

有些候选人曾在多家大厂工作，深感职场环境一成不变。他们在大厂中已经积累了丰富的技能和经验，渴望将自己的想法付诸实践，所以选择在创新创业公司中大展拳脚。同时，他们也想借此机会改变生活方式，追求更多的自由度和创新空间。

这类跳槽的候选人，在简历上通常有两种表现。一种是从毕业起就一直在大厂工作，工作内容相对单一且缺乏变化；另一种是之前在小公司工作过几年，最近的一次工作经历是在大厂，但时间不超过两年。

通过仔细研读候选人的简历，创始人可以对他们的换职痛点进行初步判断。这同样是对创始人人才审美的一种考验。如果创始人能在谈判初期就对候选人做出准确、客观的评价，双方就能迅速建立起信任关系，候选人接受 offer 的概率也会增加。

6.1.2　换位思考：谈判成功有章可循

offer 谈判也有一定的规律可循，如果创始人能把握这些规律，就能从一定程度上降低 offer 谈判的难度。

① 说服工作的难度和招聘职位的合理性密切相关。创始人要确保一开始对职位的定位、对候选人的要求没有问题，不要到了谈判阶段再修正，否则，会给候选人留下非常不好的印象，甚至影响公司在圈子里的口碑。

② 尽管很多候选人表示换工作不是为了钱，但只要钱到位了，他们往往会接受 offer。因此，offer 的现金薪酬不能给得太少，即使创始人的资金很紧张，也应确保候选人的薪酬合理，以表示自己的诚意。

③ 与其说候选人是在意钱，不如说是在意公司对他的态度。同样能给到 2.8 万元的月工资，一家公司是在上限 2.5 万元的基础上特批到 2.8 万元，另一家是在上限 3.5 万元的基础上评估决定给出 2.8 万元的薪资，大部分候选人都会选第一家公司。

④ 候选人的换职痛点往往不多，但很多时候他们自己也难以明确。因此，创始人不仅要预判这些痛点，还要协助候选人理清它们，从而引导他们接受 offer。

⑤ 候选人在前期面试沟通中投入的时间和精力越多，他拒绝 offer 的可能性就越小。创始人应充分利用四次沟通的机会，让候选人深入了解公司文化、愿景和团队氛围，从而增强他们的归属感，提高说服成功率。

⑥ 有些候选人，无论创始人如何努力，都难以说服。对于这样的候选人，创始人应全力以赴，不留遗憾，然后坦然接受结果。创始人不要因为一时的挫折而气馁，每一次的尝试都是积累经验和提升自我的机会。

总而言之，在 offer 谈判开始之前，创始人需对可能出现的各种情况、候选人的心理变化进行预判，调整好自己的心态，从容应对。

6.2 谈判中：把控节奏，切忌喋喋不休

谈判开始后，创始人的目标有两个：一是打消候选人顾虑，二是确定候选人的薪酬水平。前者是为了说服候选人更快入职，后者是为了保护创始人利益。二者同等重要。

6.2.1 明确换职痛点再开口

在 offer 谈判中，有些创始人喋喋不休，用力过猛。在不了解候选人真实意图的情况下，创始人如果急于展现公司优势，过早亮出"底牌"，就很容易陷入被动局面。因为创始人引以为傲的优势，也许候选人并不在乎或者看不上。

合理的说服过程是以提问为主，创始人需要认真聆听，找到候选人的换职痛点再开口引导对话。候选人换职的原因可能多种多样，但真正核心的痛点通常不会超过两个。

如果候选人表示，这些原因共同导致他作出换职的决策，这往往意味着他尚未明确自己的跳槽动机。在这种情况下，创始人不宜盲目展开说服，因为候选人的想法可能随时变化，缺乏稳定的切入点。

此时，创始人需要引导候选人进行自我反思，例如，让他对换职的动机进行排序，或者分享过去工作中最不满意的经历。通过这样的方式，创始人可以帮助候选人梳理出最核心的换职痛点，然后结合招聘职位的特点，进行有针对性的推荐和说服。

6.2.2 精准切入，打消候选人顾虑

创始人要明白，候选人对创新创业公司有一些顾虑是正常的，毕竟创业风险无法避免。面对候选人的质疑，创始人不要急于反驳。对于能够直接回答的问题，应坦诚而直接地给予回应，避免绕弯子；而对于那些无法直接回答的问题，如项目的可行性、上市计划以及下一轮估值增长预期等，创始人可根据自己的专业判断，在保持适度乐观态度的同时，给予一个合理的答复。重要的是不要回避问题，也无须过分夸大。

通常来说，候选人对创新创业公司的顾虑主要有 5 个，如图 6-1 所示。

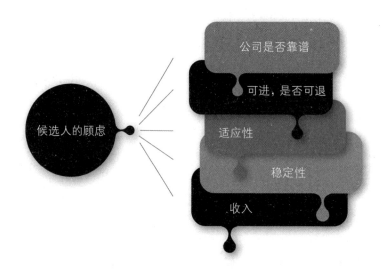

图 6-1　候选人的顾虑

（1）公司是否靠谱

公司是否靠谱是候选人比较关心的问题，也是他们心中最大的顾虑。在选择公司时，候选人会考虑风险，尤其是选创新创业公司，候选人会力

求选择风险比较低的那一家。这种顾虑通常聚焦于创始人及团队背景、商业模式、行业巨头介入、资金等方面。

在创始人方面，如果创始人有大厂高管经历、成功创业经历或者投资人出身，候选人会更加安心。如果创始人没有光鲜的背景，那么个人特质和魅力就是关键。例如，创始人是否具备某种特质，能够吸引并留住某一类或几类特定的候选人。

2023年年底，笔者去了一家名为"火光摇曳"的创业公司，这是一家主营儿童数学教育业务的公司。在和创始人靳志辉沟通的过程中，笔者觉得比起他在腾讯的工作经历，更打动人的是他创办火光摇曳的初心。

靳志辉在腾讯带领AI团队时，发现很多工程师其实对数学的理解并不到位，那时他就着手写一些关于他自己对数学的理解的文章，并发到微博上。这些文章引起了很多人的共鸣，一位香港中文大学的学生在看了他的文章后深受触动，对数学产生了浓厚的兴趣，并选择了AI这个行业，甚至在上了大学之后，他还特地去腾讯见了靳志辉一面。

这次见面让靳志辉获得了强烈的社会价值感和认同感，也坚定了他创办"火光摇曳"的决心。因此，在入职腾讯3年后，他就开始磨炼自己的教育技能：一是经常在公司里讲课，或者受腾讯对外高校合作组邀请，外出讲课；二是继续写文章，并发到网上。

作为父亲，为了辅导数学成绩不好的大女儿，靳志辉费了一番功夫。这也使他对教育这个行业产生了敬畏，更加坚定了要做好数学教育的决心。而如何使数学教育变得有趣、好玩就成为"火光摇曳"的第一要务。

从靳志辉身上可以提炼出一些特质，包括他作为父亲，对数学教育艰难的感同身受；乐于帮助同事；对社会价值和贡献的看重等，这些都是能够打动候选人的要素。

在团队方面，特别是对科技型创业公司来说，如果能有技术大牛或者业内 KOL（Key Opinion Leader，关键意见领袖）坐镇，那公司的吸引力就会更大。若缺乏这样的人才，团队的整体素质和成员背景就至关重要。例如，团队成员中若有曾在 Google、Facebook 或 BAT（百度、阿里巴巴、腾讯）等大型科技公司工作过的人才，同样能为公司增添不少光彩。

在商业模式方面，创始人应紧跟时代潮流，关注行业动态和商业模式创新，了解不同行业大厂的战略调整、投资人的投资方向以及每年涌现的商业模式风口。例如，随着元宇宙概念的兴起，结合 VR、AR 和人工智能技术的快速发展，百度推出了元宇宙产品"希壤"以及字节跳动收购 VR 公司 PICO，都预示着这一领域的巨大潜力。此外，直播带货、共享经济等模式也是近几年出现的新风口。如果创业公司能够精准把握这些风口，候选人对它的信心会更足。

行业巨头介入对创业公司来说更多的是利好。以互联网行业为例，国内外的互联网大厂都在构建自己的生态系统，如 OpenAI 的 ChatGPT Plugins、阿里巴巴的魔搭社区、小米开放平台等。这些大厂通过开放自己的技术、广告、市场等，帮助创业公司实现场景、价值的挖掘和市场的规模化扩张，同时进一步丰富自身的商业生态，实现双赢。因此，行业巨头介入不是坏事，反倒有助于创业公司发展。

（2）可进，是否可退

在大厂工作了很长时间的候选人往往很难放下昔日的光环和标签，担心加入创业公司后，一旦公司倒闭，会成为自己职业生涯中的"败笔"，甚至会影响自己重回大厂。

从客观环境上来看，大厂人向创业公司流动是大势所趋，甚至未来"大厂"这个词也可能不复存在。而且在大厂内部也有很多孵化项目，例如，元气森林的"元气宇宙大会"，就是给员工提供一个实现自己想法的机会和平台。这在一定程度上表明，大厂内部也在积极营造一种鼓励创新和创业的氛围。

同时，大厂也急需打破固有的机制、体制，希望搭建更加灵活的组织架构来赋能业务。而既有大厂经历，又有创业公司经历的候选人在市场上将有更显著的优势，他们不仅熟悉严谨的组织架构，也体验过充满活力、没有太多规矩束缚的工作环境。

站在大厂出身的候选人的角度，笔者觉得只有放下大厂光环，职业可能性才会更加多元化。在过去的五到十年里，我们习惯于将在大厂占据高位、拥有高薪作为成功的标准。但未来对成功的价值判断会更加多元化。职场发展是波浪式起伏的，关键在于选择一条比较有前景的赛道，然后在这条赛道上不断打磨自己的核心能力，而不是过度纠结是否出身于大厂。

（3）适应性

候选人刚进入创新创业公司，都需要一段时间来适应新环境，因为创新创业公司的文化、工作流程、规章制度、办公环境，往往和大厂天差地别。这是一个客观存在的问题。如果候选人对此有顾虑，那么创始人不用回避，可以通过反问的方式，深入了解候选人对适应新环境的想法和策略。如果候选人显得犹豫不决、缺乏自信，那么创始人需要重新考虑其是否适合自己的公司。

（4）稳定性

不稳定是创新创业公司的短板，尤其是在当前经济下行的背景下，不少公司可能仅能在市场上存活数月或一年。然而，无论是创始人还是候选人，追求相对的稳定都是很有必要的。谈判时，创始人应详细阐述自己核心项目的未来两年规划，包括资金状况、商业模式、市场竞争及团队构建等。两年时间通常足以初步判断一个项目的前景，即使项目最终未能成功，但是候选人在一家公司工作两年跳槽也是相对合理的。

（5）收入

收入这方面，笔者认为创始人不必太过紧张。就笔者个人与候选人交谈的经验来看，市场已经给出了明确的答案，选择创业公司往往意味着需要接受一定程度的薪资下调。然而，对于年薪百万元以下的候选人，创新创业公司通常能够提供相对合理的现金薪酬。因此，笔者坚持的原则是，候选人的现金薪酬应不低于其原薪资的 60%，其余部分可通过股权或期权等形式进行补偿。

候选人既然选择了创新创业公司，就有一定的心理准备。创始人坦诚地说明实际情况，为候选人留下足够的考虑空间，就是最有效的说服策略。

6.2.3　现金分配 + 退出机制

谈判期间，创始人和候选人要就薪酬进行深入讨论，并达成一致意见。因为这关乎双方的切身利益，也是确保候选人能够长久留在公司中工作的关键。

首先是现金分配。如果候选人进入公司后独立负责某一方面的业务，如产品、销售、技术等，那么他需要享有一定的现金分配自主权。至于具体流程，创始人需要和候选人提前商量好。

其次是退出机制。有的创始人可能和候选人相谈甚欢，或者碍于情面，而忽略了退出机制的问题，这就给公司后期的发展埋下了隐患。创始人和候选人一定要明确退出机制，下面以联合创始人为例，通过三个问题讲述创始人应如何设置退出机制。

（1）联合创始人什么时候退出都可以吗？

如果联合创始人中途退出，创始人大概率是拦不住的，所以从一开始就要设置限制性股权，把联合创始人可以拥有的成熟股权和他的工龄相对应。以 4 年为一个周期，有以下四种模式可供创始人选择。

① 每年兑现 25%。

② 工龄满两年，兑现 50%，第三年再兑现 25%，第四年兑现所有股权。

③ 满一年兑现 20%，满两年再兑现 20%，第三年兑现 30%，第四年兑现 40%。

④ 第一年兑现 20%，剩下 80% 在三年内每月兑现 1/48。

明确的行权时间表能给联合创始人一个良好的预期，也是创始人的诚意所在。创始人和联合创始人商量好具体的行权模式，在保障联合创始人权益的前提下，尽可能延长股权锁定期。

（2）联合创始人退出，带走的股权怎么办？

一是定好回购机制。如果联合创始人退出，公司可以通过回购机制收回股权。回购价格通常在初始购买价格上进行一定的溢价。如果是重资产类型的公司，可以参考联合创始人退出时公司的净资产确定回购价格。如果是轻资产型的互联网公司，可以参考联合创始人退出时公司融资估值的折扣价确定回购价格。

二是定好违约金。创始人也可以提前和联合创始人约定其中途退出需要赔偿的违约金。违约金要合理，只需要高出联合创始人退出会给公司带来的损失即可，避免过高或过低。

（3）针对不同的联合创始人需要设立不同的退出机制吗？

答案是不需要。创始人应制定一套退出机制，用它来约束所有的联合创始人，否则就失去了公平性，会对联合创始人信任的建立、公司后期的发展产生不良影响。

为公司长远发展以及创始人与联合创始人之间的感情考虑，创始人一定要在发送 offer 之前就现金分配和退出问题和候选人达成共识，避免日后产生矛盾和纠纷，阻碍公司的发展。

6.3 谈判后：有头有尾，确保候选人顺利入职

谈判之后，如果候选人还在犹豫，那么创始人不能只是等待，而要当机立断，主动出击。如果谈判进行得很顺利，那么候选人大概率会接受

offer。但是创始人不能掉以轻心，一定要将现场谈判的内容，特别是关键的信息写进合同。如果没有合同，创始人至少要给候选人发一封邮件或者一条短信。

6.3.1　果决 + 真诚：帮候选人终止纠结

如果创始人发现，有薪资待遇远高于自己的公司在和自己"抢人"，而候选人迟迟没有回复，就要当机立断，主动出击，用尽一切办法，帮助候选人终止纠结。

笔者曾经服务过一家创业公司，创始人就是凭借自己的果决和真诚，打败了国内一家颇有名气的科技公司，争取到了有东软、腾讯背景的资深HR。

这家创业公司的创始人毕业于北京大学，在腾讯做过一段时间的实习生，之后自己创业。他手握一些非常好的客户、渠道等资源，但是在公司管理上没有经验。笔者为他推荐了一位大厂出身的 HR。这位候选人一直都在大厂工作，而且在东软任职期间担任过很多职位，如研发工程师、售前解决方案专家、区域业务负责人等，因此他对企业经营有独到的见解。

离开东软后，这位候选人加入腾讯，但是他在推动组织内部改革时遇到了很大的阻力，他的一些美好愿景、设想无法实现。因此，他迫切希望能够加入一个创业团队，充分施展自己的拳脚，有一番大的作为。于是笔者就引荐他们认识。

然而，"半路杀出个程咬金"，国内一家知名的科技公司也向这位候选人伸出了橄榄枝，承诺给他提供一个很高的职位和百万年薪。面对优厚的待遇，这位候选人犹豫了。从收入和职位上看，这家科技公司更具吸引力，但从内心深处，这位候选人更想进入一家初创公司，最大化实现自己的价值。

在此关键时刻，我向创始人提出了一个建议。我建议他利用工作日的晚上，亲自前往候选人家中，与他进行深入的交流。他们两人的谈话一直持续到深夜两三点。第二天早上，创始人兴奋地告诉我，他和这位候选人已经达成了共识。双方就薪资、待遇以及未来的发展规划进行了深入的探讨，并最终签订了劳动合同。创始人表示，尽管候选人尚未正式入职，但只要他同意，公司便会开始给他计算薪资。

正是创始人这份坚定的决心和真挚的诚意，打动了候选人。他最终拒绝了那家知名科技公司的 offer，选择了这家创业公司。尽管创业公司的薪资相对较低，但有股票作为补充。

加入公司后，这位候选人担任 HRD 职位，为创始人解决了人员调配、流程梳理等关键问题，而他也在这家创业公司一路晋升至 COO（首席运营官）的职位。可以说，创始人和候选人实现了双赢。

正所谓"精诚所至，金石为开"，在当下浮躁的职场环境中，真诚更容易打动人，在关键时刻或许能够帮助创始人扭转局面。

6.3.2　口说无凭：关键信息要成文字

顺利完成 offer 谈判后就涉及签订合同的问题。如果不能立刻形成一份完善的 offer，创始人也要在谈判结束后及时整理关键信息，通过邮件或微信发给候选人。否则，候选人会觉得口说无凭，心里不踏实。通常来说，一份完善的 offer 应该符合以下要求。

① 与候选人个人信息、关键录用条件、用人岗位相关的条款要清楚、无歧义，不能出现模棱两可的情况。

② offer 应该有时间限制，即超过某个时间不入职就表示候选人放弃接受这份工作。

③ 如果候选人带资进公司，那么公司还要和其签订投资合作协议。

④ 待遇方面的内容应包括现金薪酬、现有福利项目、补贴数额等。

具体应该如何设计 offer，创始人要根据公司的实际情况以及和候选人的沟通情况来决定。

总之，offer 是一份由创业公司向候选人发出的希望与其建立劳动关系的邀约。创始人必须用好 offer，同时注意防范风险，充分保护公司的利益，尽量不要出现给候选人发送 offer 但又撤回的情况，以免损害公司的信誉和形象。

第 3 篇

创新创业公司的『人才战略』

第 7 章
品牌建设：明确品牌推广要求

对于创新创业公司来说，品牌建设应与人才招聘同步进行，二者应该是相辅相成的关系。创始人和联合创始人团队要有这个意识，在创业初期就要打造并宣传推广品牌，不要等到需要品牌时才开始。

创始人需要明确几个重点。

第一，品牌建设应和当下的市场环境相结合。创新创业公司的品牌建设不能照搬成熟大公司的模式，在建设品牌之前，创始人要明确公司的定位是大而全还是小而精。

第二，品牌建设必须有对外传播的窗口。这个窗口可以是创始人、HR，也可以是面试官。本章重点强调面试官。

第三，无论时代如何变迁，品牌建设领域总有一些经典思路值得创新创业公司参考和借鉴。创始人可以掌握一些品牌建设的基本思路，为自身品牌建设奠定基础。

7.1　看时代：与时俱进的组织与人才

如今，以 AI 为代表的新一代数字技术蓬勃发展，我们正从数字时代迈向数智时代。公司对组织、人才和领导者的要求发生了很大的变化，包括创始人在内的每一位职场人都必须积极拥抱变化，深入思考时代的发展对自身的工作会有怎样的影响，然后尽早布局。

7.1.1　轻薄型组织：小团队，大成就

2023 年，国内大厂在组织变革方面动作频频，展现了未来组织发展的趋势——变薄、变轻。从传统意义上说，一家公司的内部组织结构往往包含产品、研发、运营、市场等多个部门，而这些部门又按照专业职能细分成多个小组，如产品小组、研发小组、测试小组等。

过去，领导者希望公司内部的各个部门都能拥有完善的职能结构，可以在组织内部形成一个闭环，确保对资源的全面掌控和灵活调配。进入 2024 年，以国内大厂为代表，越来越多的公司意识到，大而全的组织有很多弊端，小而精才是王道。

（1）阿里巴巴的"1+6+*N*"结构

2023 年 3 月底，阿里巴巴宣布将构建"1+6+*N*"式组织结构，即 1 个阿里巴巴集团，6 个业务集团以及 *N* 个业务公司。阿里旗下的每个业务公司独立管理自己的人、财、事，对自己的业务结果承担全部责任。有条

件的集团和公司可以独立融资和上市。此外，集团中后台职能部门也将变轻、变薄，各业务集团和公司会吸收其相应能力，或者将其改造成专业服务公司。

阿里此次组织结构调整，使其从一个庞大的集团，变成一条条业务线。每一条业务线都是一个独立的子公司，自负盈亏。子公司可以围绕自己的核心业务灵活用人、开展管理工作，满足上市条件就能直接上市。

阿里将自己原本庞大且全能的组织拆分为"1+6+N"的结构，预示了一种趋势：现今的一些大厂正逐步拆分为中厂，进而再拆分为小厂。未来，"大厂"这一概念很可能不存在。

（2）腾讯的"小团队"作战

在 2024 年 1 月的腾讯年会上，马化腾着重强调了团队能力，特别是"小团队"的作战能力。他特别说明，腾讯要重视小团队精神，让小团队先行试验，不要着急。腾讯 IEG（互动娱乐事业群）总裁任宇昕透露，IEG 有一个"果岭"计划，就是和工作室一起投资，共担风险，帮助其在未来抓住机会，打造"大白马游戏"（瞄准大众市场的爆款游戏）。

同时，IEG 还有一个"春笋"计划，用以扶植小团队做"黑马游戏"，让小团队在自己最喜欢、最擅长的领域中尽情发挥，打造"黑马"，进而带动有着同样兴趣的用户加入游戏，再逐渐破圈。微信创始人张小龙也表示，小团队是微信一直坚持的原则，应当建立增量激励机制以鼓励小团队创新，让团队获得的激励与其人数不再相关。

就腾讯而言，"小团队"不是一个新概念。尽管腾讯的某些产品可能需要上百人协作才能完成，但这些人也能分解成多个小团队，每个团队不超过 12 个人。

以腾讯应用宝为例，应用宝是 2013 年上线的。在这之前，腾讯刚刚经历了第二次组织架构调整——由于用户逐渐向手机端转移，腾讯将原先的业务系统制（Business Unit，BU）升级为事业群制（Business Group，BG），不再只做 PC（Personal Computer，个人电脑）互联网，更多专注于移动端相关的产研工作。

作为一个提供移动应用下载服务的平台，应用宝的产研部门共有 200 多位员工。如何让庞大的队伍保持 10 人小团队的协作效率呢？这就要靠腾讯内部的"三驾马车"，即产品策划、产品研发、产品运营三个团队的协同。

具体来说，策划团队负责把控大方向，并进行相关专业（交互、视觉等）的设计；研发团队依照计划排期，安排工程师进行产品的开发、测试、验收以及运维；运营团队负责产品上线后的各类运营工作。

基于这样的内部机制，腾讯的 HRBP（Human Resource Business Partner，人力资源业务合作伙伴）将应用宝团队的 200 多人拆解成十几个 FT（Feature Team，特性团队）。每个 FT 重点负责应用宝的一个业务模块，例如，A 小队负责搜索框，专门研究如何提升关键词搜索结果的相关性；B 小队负责详情页展示，专门研究如何提升展示效果，以促使用户浏览和下载。这些 FT 内部同样由策划、研发和运营"三驾马车"构成，每个 FT 都具备独立工作和交付的能力，又能相互配合，共同研发并交付整个产品。

2014 年后，腾讯开始剥离长链业务，和更多的开发者、创始团队合作研发。例如，2016 年，腾讯 WeTest（一款为开发者提供产品服务的平台）

和应用宝联合推出"云豹计划"。开发者的产品只要满足应用宝产品评级，就能获得 WeTest 专家提供的技术支持，并在腾讯互娱主办的活动中，获得更多交流机会。2017 年，腾讯与联通合作，上线"腾讯王卡"套餐。2018 年，腾讯应用宝上线"长辈关怀""亲子守护"等功能。

通过产、研、运协同合作，腾讯实现了大团队拆解以及"高内聚、低耦合"的内部工作模式，进而推进大型产品的研发与运营。

2024 年伊始，腾讯再次提到"小团队"，这是因为游戏业务发展缓慢，亟须小团队破局创新，而这为将来互联网公司的发展埋下伏笔。随着 AI 技术日新月异，硬科技创业公司不断崛起，全球市场竞争加剧，大厂亟须返璞归真，以小团队自决策为组织"瘦身"，以实现业务创新与效率提升。

(3) 韩都衣舍的"小组制"

韩都衣舍的"小组制"也是轻薄型组织的典型表现。通常一个小组有 3 个人——一位设计师（也称选款师、买手），负责搜寻和开发服装款式；一位视觉专员，负责拍摄产品，制作并维护网页，以及对接视觉中心；一位运营专员，同时也是小组长（又称"小老板"），负责运营小组商品。

每个小组都有自己专门负责的品类，如 A 小组负责连衣裙，B 小组负责牛仔裤。在公司规定的最低定价标准的基础上，小组可以自行决定具体的产品定价、款式、生产数量以及促销的价格和时机。

通常新组启动，公司会给予一定的启动资金。对于这笔资金，小组在 3 个月内可以 100% 使用，4～6 个月时就逐步递减到 70%。小组整体的业绩提成根据销售额、毛利率以及库存周转率来核算，小组长决定小组成员的提成分配，报部门经理批准。

随着小组越来越多，这一制度也为原小组提供"裂变保护"——新成立的小组要向原小组贡献 10% 的月销售额，并持续一年。这笔钱作为原小组的培养费。此外，每周、每月，小组都要进行销售额排名，然后根据季度排名实施末位淘汰。

小组制在创业初期有着极大的优势，人员少所以决策迅速、灵活，产品开发的效率很高，库存周转快。而且小组成员自己当"小老板"，能够分得大部分利润，因而积极性高。

当然，这种制度对小组长的管理水平要求很高，小组长必须是复合型经营人才。小组内部的角色分工、绩效管理必须明确，不然很容易出现矛盾。而且，随着公司规模越来越大，总部与小组之间的责任与权利必须划分明确。另外，如果小组的规模越来越大，那么仓储、人力、财务等中后台部门，要有足够的资源来为其提供支持。

7.1.2 超级个体：乐高型人才崛起

职场人的尽头是什么？笔者认为是超级个体。这种人才有一些鲜明的特点。首先，他有一项极致的专业能力，同时衍生出很多附属技能，综合素质极佳。其次，他拥有自己的个人品牌和较高的影响力，能够通过多种方式与不同公司、组织合作，交换价值。最后，这也是最重要的一点，他内心强大，勇于面对并拥抱不确定，把主动权掌握在自己手里。

如今，不少大厂开始裁员，调整组织结构；AI 正在取代某些岗位，导致一些职场人非常焦虑。与其焦虑，职场人不如积极拥抱变化，驾驭技术。对于普通职场人来说，即使不能在短时间内成为超级个体，也可以尝试成为乐高型人才。对于创新创业公司来说，乐高型人才正是它所需要的。

乐高型人才是指像乐高积木一样哪里需要插哪里，有非常强的融合与协调能力的人才。未来的组织将是乐高式的——组织中的每个人都是一块乐高积木，大家组合在一起就能够成为一架"飞机"、一幢"房子"。如果拼不成，那就立刻拆解开，再换新的积木重新组装。

对于创新创业公司而言，将一些业务外包出去比雇用相应人才更划算。如今，在小红书等平台上涌现出众多乐高型人才和超级个体，他们在研发、市场、财务、法务、人力资源等领域具备很强的专业能力。通过共享目标、拆解任务并协同工作，这些人才能够助力创新创业公司实现组织目标，同时，也可以实现个人价值最大化。

从人才发展的视角来看，现代人才越来越倾向于主动拓展自己的职业网络，寻求与创始人之间的双向合作。然而，目前尚缺乏一股推动力量来加速这种合作的实现。这股力量往往来自 HR、猎头等人力资源工作者。

作为拥有 20 年工作经验、横跨甲乙方的资深猎头，笔者深知人才猎聘的复杂性。在服务创始人的过程中，我们按照候选人年薪（现金）的25% 来收费，虽然这笔费用在一些人看来可能十分昂贵，但对公司来说为招聘一位合适的候选人而花费的这些费用实则是助力公司长远发展的投资。

随着人才市场的变化，创始人若仅从招聘的角度去接触候选人，成功率往往很低，尤其是当候选人缺乏强烈的换职动机时，双方的沟通可能难以深入。对于创始人来说，这不利于他们积累真实有效的行业经验，提高人才审美。

为了解决这个问题，笔者的团队创新性地推出了"我们聊聊"这一服务。借助多年的经验、口碑和人脉，我们构建了涵盖多个垂直领域的专家智库，如供应链管理、出海营销、硬科技创业等。这些智库中的专家不仅具备深厚的专业知识，更拥有独特的行业洞察力和实践经验。

随着人才和组织的不断演变，一个人的智慧和价值不再局限于单一的公司。同样，创始人若想提升自身的人才审美，打造个人品牌与公司品牌，吸引更多优秀人才，就必须与具备行业洞察力的专精人才进行深入交流。这正是我们服务的核心价值所在——成为连接创始人与人才之间的桥梁，为双方提供高质量对话的机会，共同推动人才和公司的长远发展。

7.1.3　AI领导力：一个人活成一支队伍

2024年伊始，笔者前往美国拉斯维加斯参加人生中的第一场CES（International Consumer Electronics Show，国际消费类电子产品展览会）。在CES举办期间，谷歌传出要裁员的消息，说是旨在消除层级，以简化执行并提高某些领域的速度，其实就是集中力量发展AI。

基于这一消息，笔者觉得有两点是创始人需要关注的。首先，AI的作用已经从任务拆解进化到工作岗位替代了。李飞飞教授在CES现场说："我认为我们必须小心代替工作（job）和代替任务（task）的区别。""我确实看到人工智能代理在许多任务上提供帮助，具有辅助和增强功能，但在讨论工作时我们应该非常小心。"

其次，谷歌此次裁员叫作"职位取消"。其实在2023年的同一时间段，谷歌就进行过一次大规模的裁员，当时裁掉了6%的员工，约1.2万人受到影响。对于2023年的裁员，谷歌给出的原因是绩效，也就是末位淘汰。而 2024 年，虽然预计裁员规模不会超过 2023 年，但谷歌给出的原因是"职位取消"——岗位没有了，和绩效是否优异没关系。

此外，裁员所涉及职位的高低也有变化。原先可能只涉及中级以下的员工，但对于此次裁员，谷歌明确表示，即使是联合创始人、中高层管理者，在不能为组织创造更大价值或者没有负责公司的主营业务的情况下，也有可能被裁员。

与此同时，就在 2024 年年初，罗振宇"时间的朋友"跨年演讲火爆全网，"一人创业企业家"这个词快速出圈。借助 AI 技术，"一人创业企业家"能够单枪匹马开展业务，自己分析客户资料、整理会议内容、运营公司公众号并设计相应产品。

事实上，"一人创业企业家"并不是说一个人建立一个商业帝国，而是希望用更小、更易于管理的业务模式，并自行作出大部分甚至全部决策。首先，创始人不用担心福利、税费，需要做出的后勤决策其实很少，也不需要花费时间来培养和管理员工，只需要关注如何赚取利润。其次，他们无限接近一线的前台工作，乐于保持小而亲密的外部合作关系。

AI 的进步曲线非常陡峭，ChatGPT-5 呈现指数级发展，对于知识掌握的深度和广度大幅提升，甚至会带来业务流程的重构。然而，尽管 AI 的发展势头很猛，但大部分职场人更多是使用 AI 写年终总结或者回答问题。这说明我们对 AI 技术的应用能力还不够高。

而对于创业公司的创始人、CEO 来说，掌握 AI 不仅是了解这门技术，更是要利用其提升自己的领导能力。换句话说，我们不能把 AI 看作工具，而应把它看成员工，一个从名牌大学毕业、精通所有专业的学霸。它不用休息、24 小时待命、知识渊博，但没有经过社会的历练，需要有人引导才能工作。

那么，此时问题的关键在于，创始人是否有能力领导这样的"实习生"？如果没有，那么创始人就需要培养这种面向数智时代的 AI 领导力。这不仅需要创始人掌握技术、知识，还需要其具备分解任务、协调关系、指导纠正的综合能力。

创始人能够做的就是让 AI 充分融入自己的工作中，积极探索能够与 AI 大模型相结合的工作场景，不断寻找合适的数据，训练出属于自己的模型，提升自己的"含 AI 量"。拥有 AI 领导力，创始人才能使自己成为一支队伍，无所不能。

7.2 壮门面：面试官是公司代言人

面试官是公司招聘人才的第一责任人，是公司的代言人。不够专业的面试官会给公司带来负面影响，不仅浪费人才资源和时间，还有可能引发候选人对公司的不满，损害公司的形象和声誉。

在当下的 BANI（Brittleness，脆弱性；Anxiety，焦虑；Non-Linear，非线性；Incomprehensibility，不可理解）时代，传统的"铁饭碗"观念已逐渐淡化。公司从追求高杠杆转向稳固基本盘，降本增效是其核心需求。此外，裁员、组织及业务调整等变革使得员工关系恶化，导致公司不仅留不住人才，也很难引进人才。

动荡的经济环境加剧了现代人的焦虑感。在这样一个非线性的社会结构中，人们付出巨大的努力未必能获得预期的回报，而微小的决策往往能产生巨大的影响。因此，当公司面临人才短缺的困境，急需吸引并留住人才时，更应注重细节。一位谈吐得体、谦逊关怀他人的面试官，不仅能够为公司树立良好的形象，更有可能在候选人的心中留下深刻印象，甚至改变他们对公司的看法和决定。

7.2.1　面试官的原则与职责

通常来说，面试官是候选人在公司第一个接触到的人。从候选人视角来看，面试官的一言一行会影响其对公司的基本认知。面试官展现出的特质代表了公司文化，可以说是公司的代言人。

从公司视角来看，面试官能够以具体业务为导向，评估候选人与公司的适配程度。具体来说，如果候选人加入公司，他的能力是否能帮助公司解决问题或者提升绩效？如果候选人拒绝公司，那么他是否对公司有较好的印象，未来公司是否还能与其建立联系？对于这些问题的解答，能够在一定程度上体现面试官的专业水准。

身为面试官，首先需要牢记四项原则。在此基础上，无论候选人是否选择公司，都会对公司有深刻且良好的印象，为建立长久联系奠定基础。

一是尊重。只要是进入面试这一环节的候选人，无论结果如何，面试官都要对其保持尊重，展现公司惜才、爱才的形象。

二是不要窥探候选人的私人生活。创业公司的面试场合往往不会太正式，面试人员也不会很多。在这种情况下，面试官与候选人的谈话很容易偏离主题，例如，有可能会偏离到家庭情况、婚姻情况、生育计划、个人爱好等私人生活话题上。对于这些问题，面试官要尽量避免，如果确实有必要了解，那么要在掌握主要信息后迅速结束相关讨论，把话题拉回到工作上来。

三是提前准备。面试官要具备先人后事的理念，把更多精力放在人才筛选上。在见到候选人之前，面试官要认真研读候选人简历，查阅相关资料准备问题。候选人希望遇到懂他、信他的好公司，如果面试官在提问中露怯，就会使候选人对公司的印象直线下滑。

四是提供中肯的反馈和建议，帮助候选人进步。即使遇到与岗位不匹配的候选人，面试官也不要草草结束面试。面试官可以结合自身经验，为候选人提供一些发展建议，如建议候选人补充哪方面的知识。这能够给候选人留下一个好的印象。

笔者认识的一位对冲基金的面试官，他们公司的主要策略偏宏观一些。有一次面试一位候选人，发现其主攻高频量化的交易策略。尽管与公司需求不符，他还是在面试的最后鼓励候选人多了解宏观经济，在策略中加入宏观内容，这给候选人留下极好的印象。

在面试过程中，面试官的职责主要有以下四点。

（1）基本资格审查

面试官要对候选人资格条件、基础素质以及个性特征进行审查。在资格条件方面，除了关注候选人学历、专业、工龄等基本信息，面试官还要明确其跟进过哪些具体项目、曾就职于哪些公司等。

在个性特征方面，面试官需要对候选人的性格进行评估，考查其与部门领导和员工的匹配程度。基于不同的业务属性，候选人的个性会对其绩效产生不同程度的影响，对于高绩效团队而言，性格分析是不可或缺的一环。

（2）业务审查

面试官要对候选人的专业知识、工作技能、职业发展规划等进行考查，以判断其能否胜任岗位。

一方面，面试官要考查候选人的专业能力，确认其能否履行岗位职责，完成工作任务；另一方面，面试官要明确候选人目前的职业发展规划，确保其在岗位上能够完成规划，提升自我。对候选人职业发展规划进行了解也能展现公司对候选人个人情况的重视，提升候选人对公司的好感。

（3）综合审查

在综合审查方面，面试官需要对候选人的价值观、综合素质以及管理能力进行考查。首先，面试官会对候选人的价值观进行评估，确保其价值观与公司价值观一致。其次，面试官会对候选人的思维模式、时间管理能力、抗压能力等进行综合考查。最后，面试官会与候选人交流一些人才管理理念，以判断其是否具备一定的管理能力。

以上就是面试官应秉持的原则和职责，HR 需要协助面试官明确核心原则，掌握面试的基本流程，确保招聘工作顺利进行，树立公司的良好形象。

7.2.2　面试官的培养思路

面试官的工作水平将直接影响公司的人才质量，进而影响公司各部门的工作效率以及公司整体的发展情况。因此，HR 需要做好面试官的选拔、培训和管理工作。

（1）选拔

首先，HR 需要对面试官候选人的学历、年龄、工龄、绩效等基础信息进行审查；其次，HR 需要考查面试官候选人的沟通能力、抗压能力，确保其具有良好的绩效和较强的综合素质。例如，华为要求面试官候选人必须满足一定的绩效要求，才有资格面试他人。

（2）培训

HR 要对面试官候选人进行系统化的培训。从宏观层面来说，HR 要让面试官候选人清楚公司的用人理念和标准。从微观层面上来说，HR 要让面试官候选人熟悉面试全流程的各项要点，具体到面试前的简历分析、礼仪规范、穿着打扮，面试中的沟通技巧、判断能力，面试后的评价标准等。

培训结束后，HR 就可以对面试官候选人进行笔试和面试考核。笔试主要考查面试官候选人对公司理念和面试流程的掌握情况，面试主要考查面试官候选人在模拟情景中的临场表现。通过两轮考核，HR 基本就可以确定公司的面试官。

（3）管理

HR 需要为面试官设立绩效考核制度，考核内容包括候选人的试用期流失率、转正情况、对面试官的评价等。通过定期进行绩效考核，HR 能够对面试官团队进行优化，从而提高公司的人才识别率。

面试官在一定程度上能够代表公司的品牌形象。因此，HR 要注重对面试官的选拔、培训和管理。优秀的面试官不仅能为公司招来优质人才，还能为公司进行有效的品牌形象宣传。

7.3　观长远：创始人需掌握的经典思路

品牌理论已有百余年的历史，既衍生出品牌战略、品牌架构、品牌认知等概括性理念，也有品牌共鸣金字塔、品牌价值链、品牌平台等实用模型。无论时代如何发展，品牌建设领域总会有一些经典思路，是值得创业公司学习和借鉴的。

7.3.1　差异化是永恒的切口

近年来，品牌同质化现象越发严重。不同公司在产品外观、性能以及营销模式上逐渐趋同。在这种情况下，跳出同质化怪圈、打造差异化品牌就成为公司的重点任务。创新创业公司的创始人可以采取以下措施，打造差异化的公司品牌。

（1）细分市场定位

打造差异化品牌的第一步，是明确公司所处行业，对行业市场进行细分，精准定位公司所处的市场环境。通过细分市场定位，公司能够明确自身的目标受众，然后根据目标受众的特点集中发力，实现生产、运营资本的高效投入，进而塑造差异化品牌。

以哔哩哔哩视频网（以下简称 B 站）为例，B 站最早是作为 A 站（AcFun 弹幕视频网）的替代品出现的，以备份 A 站为主要目的。经过两年多的发展，B 站聚集了大批热爱二次元、亚文化的年轻受众。

在此基础上，CEO 陈睿进一步强化 B 站的二次元属性。最有名的莫过于 B 站的答题注册会员机制。很多老用户表示，当时的题目难度极高，没看过十几部动漫的人根本无法入站。时至今日，尽管 B 站已发展成涵盖电影、电视剧、短视频、直播等多种影音形式的综合性网站，但其二次元属性更加深化，是 B 站打造差异化品牌的重要元素。

（2）提炼独特卖点

想要打造差异化品牌，公司就需要提炼产品的独特卖点，即该产品能够为受众带来怎样的实际利益。这一利益最好是同类型公司无法提供或尚未提供的，有助于公司抢先占领市场。

例如，智能啤酒机品牌"爱咕噜 iGulu"，致力于让用户自己酿啤酒，自己定制口味。爱咕噜用于储存啤酒的发酵罐，用的是目前市面上最高端的婴幼儿奶瓶材质。爱咕噜已经有 100 多种配方，用户只要扫一下机器上的 RFID（Radio Frequency Identification，射频识别）料包识别码，配料就会显示出来。用户可以用手机 App 操控机器运行，自己在家就能酿造出养生酒。

新鲜啤酒的保鲜期一般只有一天，而放在爱咕噜啤酒机里的啤酒能储存 1~2 周。其创始人透露，他们目前已经和全国多家门店合作，有一定的供应链支撑能力，未来计划推出新鲜啤酒配送到家的服务，继续扩大业务范围。

（3）逆向思维战略

当同类型公司不断升级产品以扩大市场占有率时，公司可采用逆向思维战略，为产品做减法，减少产品升级带来的过量服务，使品牌定位更加清晰。

例如，美妆品牌诗佩妮的化妆品主打外观朴素 + "量大管饱"，在一众华丽而精巧的同类产品中脱颖而出。在此基础上，诗佩妮还另辟蹊径，从科技角度讲解产品，并由运营部员工、新媒体部员工等非专业测评人士出镜测评，给消费者留下深刻印象。

创新创业公司可以从以上措施中获取灵感，大胆创新，打造差异化公司品牌，为公司吸引更多目标受众和优秀人才。

7.3.2　梳理和提炼 EVP

EVP（Employee Value Proposition，员工价值主张）是指在工作过程中，基于员工的良好表现，公司能够为其提供的一切福利。那么如何梳理和提炼公司 EVP 呢？HR 可以从以下四点入手。

（1）经济补偿

经济补偿一方面是指员工的薪酬待遇，另一方面是指奖金、提成等额外经济奖励。HR 需要分析员工目前的工作内容、工作强度与其薪酬待遇是否匹配，高绩效员工、加班频率较高的员工是否得到了应有的奖金和补助等。

139

（2）福利体系

福利体系不仅包括带薪休假、五险一金等基本福利，还包括餐饮、医疗、学习、旅行等多个方面的创意福利。例如，印度航空公司为员工及其家人提供免费机票，Adobe 系统公司为养宠物的员工提供宠物保险，为男性员工提供陪产假等。

创业公司可以根据公司文化，量身定制特殊福利。例如，主营旅游产品的创业公司，可以将路线定制、体验试玩作为员工福利；研发美食介绍App 的公司，可以提供出于业务需要的各种美食作为员工的下午茶。

（3）职业发展

HR 的工作之一是帮助员工进行职业生涯规划。针对目标明确、充满潜力的员工，HR 需要为他们提供继续学习的机会。HR 可以定期与员工进行职业对话，为不同类型的员工提供相应的培训课程，并为其支付课程和考核费用。

创新创业公司可以尝试召开"大咖内部分享会"，这种会议在大型公司比较普遍。对于创新创业公司来说，这种会议复制成本低，有助于提升员工的学习动力和工作成就感。

（4）工作环境

工作环境的优劣直接影响到员工的工作体验。一方面，HR 需要明确公司内部是否具有专门的会议室、衣帽间、茶水间、休息室等功能分明的空间，环境是否干净整洁；另一方面，如果员工需要远程办公，HR 要考虑能否为其提供一定的技术支持。如果公司没有一间单独的休息室，创始人和 HR 可以考虑为员工定期预约理疗服务。

当下十分流行宠物友好办公，尤其是互联网公司。公司允许员工带宠物上班，这能够缓解整个公司员工的紧张感，调节办公室氛围，当然也要注意宠物防护和卫生清洁。

大部分创新创业公司没有空间和成本在公司内部建造一个健身房，对此，公司可以和附近的健身房合作，让员工凭工牌在固定时间免费使用。公司也可以为员工准备万能"神器"——瑜伽垫，可供员工在休息时做一些简单的运动，如仰卧起坐等。

创新创业公司运转节奏快，员工压力大，需要福利来调节员工的心态，使员工更有动力。一些创新创业公司直接照搬大公司的福利方案，导致福利华而不实，没有实际效果。创新创业公司的福利应更加人性化、贴心，尽可能考虑到每位员工的个人需求、喜好，在有限的预算、议价能力和行政资源的基础上，保证每项福利都能给员工带来切实的好处。

第8章
合作型人才经营：打造人才供应渠道

创新创业公司的创始人要有打造人才供应链的意识。在数字化时代，公域流量和私域流量两个概念十分火热。实际上，在人力资源领域也有类似"公域""私域"的概念，笔者更愿意称其为"鱼塘"和"鱼缸"。

组织变革带来的一个趋势是乐高型人才、超级个体崛起，在这种情况下，人才的动态变化会比以往更加频繁。一个人才也许在当下不适合创始人的公司，但是在未来的某个时间，创始人可能会需要他。而且，人才本身也会发生变化，变得更适合创始人的公司。

因此，创始人需要具备品牌意识。品牌建设的过程，就是在人才海洋中捕捞潜力股，将它们吸引到自己的"鱼塘"中的过程，即与人才建立初步的联系。在"鱼塘"中，创始人可以构建一个多元化的生态，涵盖研发、技术、产品、渠道等各个领域的人才。这些人或许当前并不完全匹配公司的业务需求，但关键在于，创始人看到了他们身上的潜力和未来价值。

接下来，创始人需要投入时间和精力去经营这个"鱼塘"，与这些潜在人才保持长久的联系，观察他们的成长和变化。随着时间的推移，创始人会逐渐发现那些与自己志同道合的伙伴，就可以吸纳他们进入公司的核心团队（即"鱼缸"），共同为公司的愿景和目标努力。

当然，在"鱼缸"中，创始人也需要持续优化人才结构，及时清理不适应公司发展的员工，并从"鱼塘"中寻找新的合适人选。这样，公司就能逐渐形成一条稳定、高效的人才供应链，为公司的长期发展提供有力的人才保障。

8.1 认定标准：一专多能是关键

人才经营的前提是要明确人才的认定标准，对于创新创业公司来说，一专多能的人才是关键驱动力。创始人可能想要招聘一个技术人员，但有时也需要他负责行政、项目管理等工作。在这种情况下，创始人要怎么定义人才的能力？怎么绘制适合公司的人才画像呢？下面就来解决这两个问题。

8.1.1　核心思路：以任务定义能力，强调责任感

创新创业公司的一个显著特性是"不确定"——岗位职责不明确、授权不清晰、信息不全面。这是大部分创新创业公司无法避免的开局。基于这种情况，创始人应采取与开局适配的人才认定思路，即"以不确定应对不确定"。具体来说，包括以下两个方面。

（1）以任务定义能力

创始人要明确，是不是只有大厂的人、高学历的人，才是自己需要的人才。某个人曾在腾讯、华为任总监职位，创始人就要让他做总监吗？某个人毕业于名牌大学，创始人就能完全相信他的能力吗？

大厂的岗位职级与创新创业公司的岗位职级是不同的，创始人要明确一点是：招聘人才的目的是解决问题，而不是创造一个岗位。例如，公司正在热火朝天地开展业务，突然遇到一个瓶颈，此时的关键就是找到能解决这个问题的专业人士，和他是否出身大厂、是否有高职级都没有关系。

笔者曾接触过一家创新创业公司，当时这家公司急需一位产品经理，创始人就招进了一位有大厂背景且愿意降薪加入的产品经理。然而，这位经理负责的产品上线后，反馈不好。最终，这位产品经理离职，相关产品业务失败，创始人前期投入都"打水漂"。由此可见，以岗位定义人才不靠谱，关键还是要看人才的实际能力。

前段时间，笔者和一位大厂的招聘负责人就人才的选拔标准进行交流。他表示，出身于 C9 联盟（包括北京大学、清华大学、哈尔滨工业大

学、复旦大学等9所国内顶尖大学）的应届毕业生或有这样学历的职场人，在招聘面试时是享有一定的优先权的。但在入职之后，负责人跟踪了他们的绩效表现，发现其与出身于非C9联盟的员工相比，并没有显著的差异。

这引起笔者的反思，是否应该在招聘过程中更多地关注求职者的实际能力和与岗位的匹配度，而非过分依赖学历背景或学校标签。

"以任务定义能力"意味着公司在招聘和选拔人才时，应更加关注求职者在实际工作中的表现和能力，而非仅仅依据其岗位、学历或背景。只有这样，公司才能找到真正适合其需求的人才，才能更好地应对未来的不确定性。

（2）强调责任感

我们要把"责任"与"责任感"区分开来。所谓责任，包括员工在工作中负责的范围，以及工作出错后需要承担的后果。所谓责任感，就是员工能够尽己所能地满足公司、客户需求的能力和意愿。以洗碗为例，把碗洗干净是责任。而把碗洗干净后，还能提出建议，例如，如何洗碗才能又好又快，这就是责任感。

很多公司为了培养员工的责任感，会特别强调责任，把工作职责划分得非常清晰，夸大员工个人需要承担的后果。这就导致员工不敢也不愿"多管闲事"，尽可能缩小自己的工作范围，这样不利于培养员工的责任感。

在创新创业公司的人才认定上，创始人不必过分纠结于每个岗位的职责划分，而应更多地关注员工的责任感。例如，员工能否在授权不明确的

情况下主动补位，在信息不全面时自主搜集所需信息，创始人应对员工有
责任感的行为给予充分的肯定与鼓励。

8.1.2　人才画像：没有谁是教不会的

很多创始人倾向于绘制精细化的人才画像，几乎是"一个萝卜一个
坑"地将人才与岗位精准匹配，如研发人员专注于研发、销售人员专注于
销售等。这种是典型的套用成熟大厂的人才画像绘制模式。因为华为、腾
讯、阿里等拥有上万名员工的大厂，它的每个岗位都有优秀的员工作为标
尺，且都有充沛的人才供应。因此当需要招聘人才时，利用固定的标尺去
筛选、培养即可。

然而，对于创新创业公司而言，这种标准化的人才画像并不适用。一
方面，创新创业公司没有充足的人才储备，也没有足够的时间和精力构建
缜密、复杂的能力素质模型，这通常需要借助专业的咨询公司，成本高昂
且效果不理想。另一方面，创新创业公司业务发展速度快，用固化的标准
模型筛选出来的人才可能并不适合现阶段公司的实际发展情况。

当然，如果创新创业公司中已有特别优秀的员工，以其为标杆进行招
聘也是一种可行的方法。但更为实用的策略是，将招聘重心放在岗位的具
体职责上，明确员工到岗后需要承担的任务，以此为基准进行人才匹配。

以广告公司招聘视频剪辑师为例，其核心能力应该是视频剪辑，占据
50% 的权重。同时，候选人也需要具备一定的文案撰写和脚本制作能力。
这部分能力虽然可以通过培训提升，但初始水平也很重要，占据 30% 的
权重。最后，良好的沟通能力和身体素质同样不可或缺，以确保在繁忙的

拍摄工作中能够与各方有效沟通并保持充沛的体力，这部分能力占据 20% 的权重。

在招聘过程中，创始人应根据这些核心能力的权重进行筛选，同时保持开放和包容的心态，因为每个人的潜力都是无限的。我们不应要求人才面面俱到，而是要善于发掘和激活他们的潜力，培养出一专多能的人才，为创新创业公司的快速发展提供有力支持。

8.2　"鱼塘"经营法则：吸引与筛选

在快速变化的行业环境下，人才资源会快速流动，如果没有聚集在创始人这里，就会流向竞争对手。因此，创始人应投入时间精心经营人才资源，即使无法直接吸引过来，也要避免他们成为潜在的威胁。那么，如何与这些人才保持长久的联系呢？关键在于提升创始人的影响力和知名度。

创始人要确保自身的项目、人才需求被更广泛的受众所知晓。这要求创始人积极提升个人声量，通过各种渠道和方式，如赞助活动、发布白皮书等，将自己和公司推向公众视野，成为一个持续发出积极信号的"发射器"。正如一些行业领袖所展示的那样，如 360 创始人周鸿⊠，他在 2024 年的亚布力论坛年会上公开表示要向俞敏洪学习，努力提升个人网络影响力。

同时，"鱼塘"的经营还需注重人才的发现和挖掘。创始人应清晰了解公司当前的业务阶段和战略规划，根据这些要素锁定目标人才，为公司的未来发展储备宝贵的人才资源。

8.2.1 进校园：创始人变成赞助商

校园招聘是很多公司每年都要开展的工作。尤其是对于创新创业公司来说，注入新鲜血液才能让公司保持活力，提升市场竞争力。

然而，校园招聘的成本较高，创新创业公司的创始人需要考虑：这笔投资能否精准地吸引到我想要的人才？能否借此在校园中打响品牌，让更多学生对我的公司产生浓厚的兴趣和了解的欲望？如何找到最佳的投资回报平衡点？

传统的校园招聘模式，如公司主动联系学校、进行线下宣讲等，已逐渐显露出其局限性。近年来，线下宣讲的参与率逐年下滑，学生更倾向于通过线上平台获取信息。单纯依赖公司领导在台上宣讲，不仅成本很大，而且效果欠佳。对于创新创业公司来说，这种传统模式显然不是最佳选择。

为了在校园招聘中脱颖而出，创新创业公司的创始人需更加深入地融入校园环境，将公司的理念、产品与校园活动、学生生活紧密相连，而非仅仅依赖一次性的集中宣讲。

创新创业公司可以通过赞助校园活动的方式，将公司的理念和品牌标识自然地融入校园生活。很多高校社团由于资金短缺，难以举办高质量的活动，而创新创业公司的赞助正是雪中送炭，既满足了社团的活动需求，又为公司提供了宝贵的宣传机会。通过赞助活动，创新创业公司能够利用学校的公众号、微博、线下宣传栏等多元渠道进行广泛宣传，实现双赢。

部分游戏公司会赞助一些大学开展电竞比赛，给参与比赛的学生提供机票、住宿等资金支持。在这个过程中，很多学生会对游戏、提供赞助的公司产生兴趣，然后提出自己的想法、意见。很多联合创始人、创始人会借此机会与学生面对面交谈，这比传统的宣讲更有价值。有些学生能够为游戏产品提供更多研发思路，甚至以此为契机加入公司。很多创新创业公司的团队就是这样逐渐扩大的。

还有一些公司会以比赛为契机，邀请获胜队伍来到公司所在地，以见面会的形式宣传公司理念，并赠送礼物等。这不仅提升了公司的品牌知名度，更吸引了众多潜在人才的目光。相较于单纯的资金投入，这种创新的校招方式将资金转化为比赛奖金和活动支持，极大地提高了招聘的投入产出比，实现了品牌与人才的双赢。

究其本质，赞助活动就是一种招聘行为，公司可以通过这样的形式，获得比传统宣讲更高的回报。但是具体到执行层面，尤其是在赞助高校社团活动时，创新创业公司要审慎选择。笔者认为有以下几点是创始人应考虑到的。

① 创新创业公司是赞助商，不是"施主"。公司要支持的应该是有意义的校园/社会活动，而不是一些学生为了拉赞助而临时产生的想法。创始人要认真阅读活动计划，思考这项活动是否值得公司赞助、公司能从哪些角度进行自我宣传等。

② 面向校园开展的活动，创新创业公司不能把目光仅聚焦在一所学校，毕竟一所学校再大，潜在人才的数量也是有限的。创始人要有长远的眼光，评估这项活动能否在学校之外开展，进而扩大宣传半径，提高赞助的投入产出比。

③ 学生在策划和执行活动时可能存在经验不足的问题，创新创业公司可以派遣专业人员为其提供指导。这不仅有助于确保活动的顺利进行，

还能确保公司的品牌形象得到良好的展示。

很多创新创业公司赞助社团活动的赞助费被社团成员用于满足自身的需求，根本没用于对外宣传中，甚至有的社团在给公司发送的合同邮件中明确表示，社团的活动基本不会产生额外开销（大部分活动基本能在学校支持下顺利开展），但希望公司能赞助他们在活动期间的聚餐费用。这种将商业赞助与私人消费混为一谈的行为，是很难获得预期的宣传效果的。

综上所述，校园赞助作为一种创新型的校招手段，对于创新创业公司的品牌建设、人才引进都有较大助益。但是，在选择目标学校、举办校园活动前的准备上，创新创业公司要审慎考虑，认真评估投入产出比，确保每一分钱都花在刀刃上。

8.2.2 出社会：创始人要能"薅"人才

创新创业公司"招人"可以说是"薅人"。从哪儿"薅"？从"前""薅"——从创始人的前同学、前同乡甚至是前男（女）朋友那里"薅"。

笔者曾经辅导过一位创始人，他和女友一同创业，但在创业过程中因为一些原因分手了。然而，他们"散交情不散买卖"，依旧保持着合作伙伴关系。创始人非常理智，他说前女友之前帮他管家、管钱、管人，人品绝对没有问题。他相信她的闺蜜、朋友也和她是同一类型的人，因此拜托前女友帮忙介绍人才。最后，这位创始人通过前女友，"薅"到了财务主管和人事主管。

除了从"前""薅"，创始人还可以从投资人身边入手。投资人本身就是非常好的人脉资源，关键在于创始人是否重视、是否会用。

以智元机器人为例，2024 年 2 月 29 日，智元机器人在微信公众号上发布了关于首届股东大会圆满召开的文章。看似这篇文章没有什么特殊的内容，实际上，与别的公司是老板给员工颁奖不同，智元机器人是创始人给股东颁奖，用以表彰这一年来为公司做出重大贡献的股东。其中，"人才推荐奖"颁给了红杉中国和奇绩创坛。

由此可见，通过所谓的"股东大会"，智元机器人先是暗暗"秀肌肉"，表示已经完成了从天使轮到 A2+ 轮共六轮融资，资金上没有问题，给处于观望状态的人才吃了颗"定心丸"。紧接着以"人才推荐奖"暗示股东"卷起来"，利用自身人脉为公司吸引人才。这在提高公司声量的同时，进一步表达了智元机器人对人才的重视，可谓是把股东大会玩出了新花样。

8.2.3　壮声势：活用新媒体手段

互联网时代是"酒香也怕巷子深"。很多创始人表示，身边没有那么多"前"人、投资人可用该怎么办？没有联系就要创造联系，在新媒体盛行的时代，创始人要学会利用新媒体手段，努力把自己打造成"网红"，成为一个信息发射器。

（1）以微信群筛选信息

笔者曾和 RWKV 元智能的联合创始人罗璇进行过深入交流，和他开玩笑说"我挣不到他的钱",因为他在人才吸引方面的思路和我的人才猎聘策略是一样的。他认为,招聘的本质就是寻找人才可能会出现的地方。其实就是明确三点:我在做什么事,什么样的人会对这件事感兴趣,这些人在哪里。然后想尽一切办法,把这些人"捞"过来。

罗璇告诉我,RWKV 在一个月内招了 10 个人。这 10 个人中,一半是通过 AI 相关的线下活动招来的,另一半则是通过他们 AI 大模型开源社群以及联合创始人本人所在的创业社群招来的。

罗璇认为,微信群是很好的人才资源池,通过建群,从线上线下吸引来一批有着共同爱好的人。例如,想要了解机器人领域的人才资讯,就建一个机器人的群,把自己身边对机器人感兴趣的人或者行业内的人都拉进来,制定好群规,明确在这个群里只能聊机器人相关的内容。

他对微信群的观点是:群的本质不是一个闲聊的平台。很多创始人所担忧的微信群不活跃的问题,在他看来并非难题。微信群是一个帮助大家筛选信息的工具,里面的人必须有共同的方向、目标、兴趣爱好,在此基础上设置固定的讨论话题,才能真正发挥微信群的作用。

(2) 制作短视频

除了微信群,创始人还可以利用短视频进行品牌传播。无论是自己做短视频宣发,还是与达人博主合作宣传,相较于图片和文字,短视频的表达都更为清晰具体,受众消耗的时间和精力更少。在快节奏社会中,创始人需要学会利用短视频抓住受众的碎片化时间,提高公司的曝光度和知名度。

以我为例,我的系列短视频"探访 100 家创新创业公司",就是以短视频形式帮助大家更直观地了解一家创业公司的创始人、员工、工作环境是怎样的，需要什么样的人才等。我希望能够通过我多年积累的人脉和经验，帮助创业公司吸引人才。

创始人如果想自己制作短视频进行品牌宣传，可以从以下几个方面入手。

① 打造品牌故事。

想要更好地彰显品牌特色，突出公司文化内涵，创始人需要为公司打造独特的品牌故事。创始人可以通过深挖受众的情感需求，以故事的形式将公司价值观、产品特色、受众体验展现出来，引发受众的情感共鸣，提高公司品牌的认知度。

笔者之前探访过一家叫作"芽生"的创业公司，是做宠物毛发培育钻石业务的。创业灵感来源于 CEO 橘子（化名）的朋友，他养的猫去世了，听说国外有用宠物骨灰和毛发培育钻石的技术，于是这位朋友计划为爱宠做一颗钻石，结果收到后发现是假的。橘子本人也养宠物，所以能体会到爱宠离世，主人想留下一个念想的心情，于是就想：我为什么不去试着做一下这件事呢？

随着客户越来越多，橘子本人也从这项工作中收获了许多来自客户的正向反馈，还有客户给他写感谢信、送礼物，让他收获了物质、情绪双重价值。类似这样的品牌故事，笔者认为是非常吸引受众的，值得放进视频中的。

② 设计品牌符号。

高辨识度的品牌符号能够让受众在浏览短视频的过程中迅速记住品牌。对于创新创业公司来说，一个富有特色的品牌名称就是最好的符号。

例如，"全世萝卜"是一家研发泡茶机器人的创业公司。"全世"意为"全世界"，"萝卜"取自英文"robot"的谐音，表达创始人希望全世界都有机器人的美好愿景。

再如智能啤酒机品牌"爱咕噜 iGulu"，顾名思义，"咕噜"是模拟啤酒发酵时产生气泡的声音，而"爱（i）"既表达了啤酒爱好者的心声，也能体现创始人以 IT 技术起家，富有科技感。其品牌标志如图 8-1 所示，非常有辨识度。

图 8-1　爱咕噜 iGulu 品牌标志

（3）多社交平台共同宣传

创始人要学会利用社交平台，多平台共同宣传品牌，提高曝光度。在选择社交平台之前，创始人要做好调研，确保公司品牌的风格、受众和业务与社交平台相匹配。

例如，微博以年轻受众和品牌公司为主，粉丝文化盛行，注重娱乐性和互动性；微信以熟人社交为主，强调即时性、私密性、精准化传播；小红书以年轻女性受众为主，以美妆、美食、穿搭分享为主要内容，平台定位清晰；知乎以知识问答交流为主，注重内容的专业性。

创始人的时间和精力有限，因此需要合理分配发布在各个平台上的内容。对于目标受众相对聚集的社交平台，创始人要注重发布内容的数量和质量。对于目标受众体量较小的社交平台，创始人也应保持一定的发布频率，以吸引潜在受众。

社交平台最大的特点在于强互动性，因此创始人必须重视与粉丝的互动。一方面，创始人需要关注目标受众的留言，从中获取信息，分析现阶段公司在受众心目中的形象；另一方面，创始人需要及时反馈，针对评论区中粉丝提出的疑问给出自己的专业解答，展现品牌专业性，从而有机会吸引潜在人才与自己联系。

综上所述，"鱼塘"经营的第一要义——吸引。创始人既要从身边的人入手，寻求帮助，还要积极主动建立新的联系，活用新媒体平台，不断拓展自己的人脉，与更多人才建立长久的联系。

8.2.4　定目标：梳理组织架构，锁定人才

"鱼塘"经营的另一个重点——筛选。创始人之所以要和大量的优秀人才保持联系，就是为了能在合适的时间把合适的人才"捞"进"鱼缸"（公司）里，使其成为团队的一分子，与公司共进退。什么才是合适的时间呢？创始人需要明确现阶段公司组织架构的运转情况，及时发现或预测现阶段公司缺乏什么样的人才，然后从已经建立联系的人才中，有针对性地遴选准员工，壮大自己的队伍。

从宏观层面来看，组织架构需要和公司的阶段性战略相匹配，为公司的发展带来积极作用。一方面，组织架构要能保障公司正常的生产、经

营、管理活动，让股东、客户和员工满意；另一方面，组织架构还要为公司不断壮大、持续发展奠定基础。

创始人需要将外部经济发展态势与公司内部的组织架构联系起来，进行深入分析和了解。当公司组织架构处于稳定状态时，创始人和 HR 要把握时机，深入分析公司目前的人才供需情况，及时查漏补缺。如果公司组织架构出现较大变动，如新增业务、部门合并等，创始人和 HR 需要及时跟进，确定目前急需的人才，及时与"鱼塘"中的优秀人才进行更为密切的联系。

从中观层面来看，组织架构的稳定性体现在公司的整体效率上。这既包括公司内部业务的运转效率，也包括公司对外部技术变化、客户需求和市场变化的反应速度。

一般情况下，如果公司内部业务的运转效率出现异常下滑，就可能意味着部门间或团队间存在协作不畅、责任推诿等问题，严重了甚至需要创始人亲自介入协调。这时，创始人与 HR 应果断进行人员调整和组织架构的优化，以此明确公司内部的人才缺口，并在必要时启动招聘计划。

从微观层面来看，适合公司的组织架构，能够使公司获得更多利润。因此，创始人和 HR 要根据公司目前的盈利状况，分析组织架构可能存在的问题，及时清退问题员工，锁定并吸引目标人才。

综上所述，在从"鱼塘""捞"人进入"鱼缸"之前，创业公司需要先梳理内部组织架构，明确哪些岗位需要人才、需要什么样的人才，再集中资源发力，从已经建立联系的优秀人才中进一步筛选，提高"捞"人效率。

8.3 "鱼缸"经营法则：培养与更换

创新创业公司要始终保持良好的内部生态，这样才能谋求稳定与长远发展。为此，创始人和 HR 要明确哪些人才值得培养、哪些员工必须辞退，否则，将会影响公司的整体效益。

8.3.1 盘点员工：你的公司里有这样的人吗

在确定哪些人值得培养、哪些人需要更换之前，创业公司需要做好员工盘点工作，针对不同类型的员工采取相应的措施。在这里，笔者想强调三类员工，如图 8-2 所示。创始人可以"对号入座"，以此明确自己的公司有没有这三类员工。

图 8-2　重点关注的三类员工

（1）明星员工

明星员工也被称为高潜力员工。这类员工是创新创业公司最希望留住的人才，通常展现出以下5种特质。

① 极强的专业性。这种专业性不仅体现在他们的专业技能上，更体现在他们对市场的洞察上。一些研发人员经常通过自己拿过哪些奖项、发表了多少篇论文来展现自己的专业性，这其实很片面。真正专业的研发人员能够把理论落到实处。换句话说，他们在进行产品开发时，就已经洞悉了市场需求，能够将产品和市场相结合，同时还考虑到新产品推向市场后，将如何得到客户好的反馈。

② 大局观。高潜力员工在工作中不会只考虑自己的利益，而会考虑整个组织的利益，会积极地与同事、不同公司的人协同合作。此外，他们不会仅着眼于当前的任务或目标，而是会站在一个较高的维度，提出创新性的建议或策略，帮助组织实现长远发展。

③ 主动性。高潜力员工能够做到在上级还没布置工作时，就已经想到下一步要做什么。积极主动已经成为他们的工作习惯，也是他们富有责任心的体现。

④ 极强的学习能力。高潜力员工不仅能够快速吸收新的理论知识和技能，还能够在工作中构建和完善自己的知识体系。这种持续学习的能力使他们能够不断打磨和提升自己的工作技能，快速适应不断变化的工作环境。

⑤ 韧性。无论市场环境、业务如何变化，高潜力员工都能保持稳定的心态。同时，他们还有极强的认知力和抵抗力，能够沉着冷静地应对内

外部变化带来的挑战。

针对这类员工，HR 要为他们安排合适的岗位和全面的培训，并制定一套完善的中长期薪酬方案。同时，HR 还可以为明星员工设计额外假期、公费旅游等多项福利，并通过团建、年会等使其感受到公司的和谐氛围，以增强明星员工的归属感。

（2）刺头员工

刺头员工是让创始人又爱又恨的一类员工。一方面，他们称得上是超级员工——能力很强，在部门、组织中可以独当一面。没有他们，任务很可能完不成。另一方面，这类员工个性鲜明，直言不讳，会不分场合地质疑创始人的决定，不愿轻易服从公司的管理。

创始人手下有这样一位员工，其实是一件好事，说明公司有了一根强有力的支柱，能把业务支撑起来。但是，面对这样的员工，创始人要谨慎行事，一方面激发他释放最大价值，另一方面也要对他进行激励和引导。

首先，创始人站位要高，格局要大。具体来说，创始人要从业务效益的角度考虑，部门里如果缺少刺头员工，业务还能开展吗？效益还会有这么高吗？如果答案是否定的，那么就不能轻易放弃刺头员工。

其次，创始人需要思考，如何运用一些合适的管理手段，提炼刺头员工身上的能力，去赋能其他人，打造第二个、第三个超级员工。

最后，创始人需要花费一些时间和精力深入了解刺头员工的个人诉求，包括他对自我的要求、对公司资源的要求以及对他人关注度的要求。也就是说，创始人要了解刺头员工在公司中想干什么、想怎么干，以及如何才能提高这类员工的满意度。创始人不能主观臆断，而应通过有效的沟通和细致的观察，了解刺头员工的真实诉求，并有选择性地满足，进而提高他们的服从度和忠诚度。

(3) 中年员工

中年员工指的是有一定工龄，在过去创造过优秀的业绩，但随着职业生涯中期的到来，业绩有些下滑的员工。虽然他们多年来积攒的行业知识、专业技能和人脉网络对创新创业公司来说非常珍贵，能够帮助公司积累经验，提高稳定性。但他们业绩下滑也是不争的事实，面对这样的员工，创始人应该裁掉他们吗？

如果创始人手下有这样一类员工，那么可以借鉴腾讯的"活水计划"进行相应处理。这是腾讯内部特有的人才流动机制，可以帮助员工在公司内部自由探寻感兴趣的岗位和机会。笔者在腾讯时期认识的一位前辈，就是通过"活水计划"，在濒临离职时找到了新的岗位，实现职业生涯第二春。

虽然"活水计划"是成熟大公司的人才机制，但是创新创业公司也能从中获得启示。如果公司直接裁掉业绩下滑的中年员工，在其他员工眼里这种行为无异于"卸磨杀驴"。而让他们成为"活水"，则可以展现出公司的人性化和对员工的关怀。

创始人需要关注中年员工的长期价值，因为创新创业公司需要他们的经验和稳定性。但是，创始人也要考查他们的洞察力是否依旧敏锐、是否还拥有开拓力。如果这些关键能力没有问题，创始人就要和这类员工进行深入的沟通交流，以找出其业绩下滑的真正原因。

如果公司现阶段的发展还需要中年员工贡献力量，那么创始人可以尝试给他们提供一个新的岗位，例如，让他们成为新员工的导师，让他们把自己过去的经验和知识提炼出来，传承下去，展现自身的价值。此外，创始人还可以考虑构建一个内部人才市场，让员工根据自己的技能和兴趣申请项目或转变岗位。

通过盘点不同类型的员工，创始人能够对"鱼缸"的生态建立基本认知，从而在人才充裕的情况下，降低公司的人力成本，将人才的价值充分发挥出来。

8.3.2　识别关键人才，做好知识管理

完成公司员工盘点工作后，创始人和 HR 需要从中识别关键人才，为后续的培养计划明确方向。关键人才的识别主要通过绩效、能力这两个维度进行。

对于绩效的衡量，主要体现在以下几个层面：一是员工对整体结果的贡献，这需要根据实际的数据来确定。二是专业性，这需要考查员工对业务和技术的熟练程度。三是领导力和沟通能力，这需要考查员工能否在工作中和上下游建立良好的关系，为团队带来正能量。四是细节，这需要考查员工是否注重工作中的细微之处，力求做到尽善尽美。

对于能力的衡量，创始人和 HR 可以从以下三个层面入手：一是责任心，这需要考查员工是否主动承担工作责任，尤其是承担自身工作范畴以

外的责任。二是忠诚度,这需要考查员工是否忠于公司,例如,员工是否积极维护公司的声誉和形象,对损害公司利益的行为进行批评与纠正。三是积极主动性,这需要考查员工能否独立完成个人工作,并调动个人能力,以支持团队开展工作,能否营造积极主动的文化氛围。

创新创业公司发展速度较快,这要求创始人和 HR 每隔一段时间就要根据业务、人员的变动情况重新定义、识别关键人才。在明确哪些员工是公司的关键人才后,创始人和 HR 要进行知识体系构建——提炼、总结关键人才的经验、技能,形成实操手册、成功案例库等。

具体来说,创新创业公司需要提炼这些员工创造价值的关键能力,包括理论知识和专业技能。明确在这些能力中,有哪些是他人可以学习、模仿的,哪些是他人无法通过学习、模仿获取的。对于那些可以学习的能力,HR 要建立知识中心,将抽象的能力、经验进行结构化描述和整理,生成理论和实操案例,为创业公司的人才培养奠定基础。

对于那些无法替代的能力,创始人和 HR 需要从"鱼塘"中继续吸引并筛选目标人才,扩充公司人才储备。

8.3.3　绘制人才地图,掌握内部生态

人才地图是创新创业公司现有人才与后续规划的具象展现,常用的人才地图包括九宫格型、专业人才梯队型和继任型三类。

(1) 九宫格型人才地图

九宫格型人才地图以员工的绩效和潜力为考查维度,将员工分为九

类，基本涵盖了创新创业公司中可能存在的所有员工类型，如图 8-3
所示。

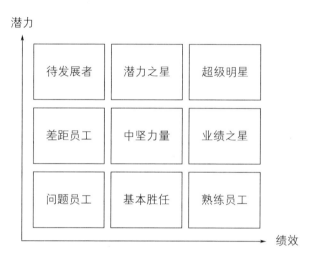

潜力

待发展者	潜力之星	超级明星
差距员工	中坚力量	业绩之星
问题员工	基本胜任	熟练员工

绩效

图 8-3　九宫格型人才地图

面对低潜力、低绩效的问题员工，创新创业公司不能心慈手软，应尽
早将其辞退。但是在与员工沟通相关事项的过程中，创始人和 HR 要有基
本的人情味和道德底线。在与问题员工沟通之前，创始人和 HR 要先将其
工作亮点梳理出来，在沟通时要表明自己的迫不得已和无可奈何，例如，
向问题员工表明"公司的政策有调整""今年的大环境比较难""你不要过
于难过，还是要积极寻找新机会"等。

如果创始人或 HR 拥有相应的人脉资源，不妨主动提出可以帮助问题
员工寻找新的工作机会。例如，创始人或 HR 可以表示，自己可以联系市
场上的一些猎头，把他的简历推荐给他们。总之，面对问题员工，创新创
业公司既要维护好公司利益，也要有最基本的尊重的态度，不要冷嘲热讽
或落井下石，避免对员工造成不必要的伤害。

面对"基本胜任"员工和差距员工，创始人和 HR 需要与他们多沟通工作情况，帮助他们找到目前存在的障碍，表明公司期望。在此基础上，HR 需要为他们制订改进计划，设置明确的改进目标，或者考虑是否有更适合他们的工作任务，并定期检查他们的工作进展。如果一段时间后，他们的工作仍没有起色，那么公司就要果断辞退他们。

熟练员工通常绩效良好，工作态度也很端正，但发展潜力很低。他们不愿走出自己的舒适圈学习新事物，因此很容易受到人工智能等新兴技术的冲击。对于科技型创新创业公司来说，这样的员工比较棘手。对此，创始人可以从德国企业软件巨头 SAP（思爱普）的重组计划中寻找灵感。

2024 年年初，SAP 发表声明，表示在不裁员的前提下，将 8000 名员工纳入自愿休假和内部再培训计划中，即鼓励员工自愿离职或内部转岗。这其实是 SAP 转型计划的一部分，目的是降低成本，将重心转移到 AI 业务上。这一举措体现了 AI 技术给科技行业带来的巨大变革。创新创业公司必须考虑到 AI 技术的可替代性，对熟练员工进行指导和培训，增加其危机感。

"待发展者"员工具有极高的发展潜力，但绩效很低，通常是大学应届毕业生，学习能力很强，但工作经验几乎为零。面对这类员工，创新创业公司要对其施加一定的压力，设置考核目标。在试用期内，创始人可以安排老员工一带一，然后定期与老员工沟通，以此了解他和新人的磨合情况。创始人要着重了解新人是否愿意主动学习、交流，以及将学习到的知识和经验内化于心，应用在实际工作中，然后创始人再结合其目标完成情况，决定是否继续培养。

"潜力之星"员工和"中坚力量"员工类似，他们清楚自身的角色定位，有明确的发展目标。一方面，创始人和 HR 需要对他们取得的成就、做出的努力加以肯定；另一方面，可以安排定期轮岗，并聘请专业培训讲师指导他们，帮助他们拓宽能力范围，充分发挥个人技能，进一步提高绩效。

对于"业绩之星"来说，他们的成绩已经十分亮眼，创始人和 HR 要充分认可并感谢他们对公司的付出，可以通过适当的奖励，保持其继续胜任现有工作的动力。如果此类员工还有更高的目标，那么 HR 就要为他们安排相应的培训，并适当安排一些难度较高的工作任务，激发他们的潜力，使他们早日成为"超级明星"。

(2) 专业人才梯队型人才地图

专业人才梯队型人才地图是在九宫格型人才地图的基础上进一步归纳而来的。HR 依据九宫格型人才地图系统地分析公司各类员工之后，就可以从组织层面上总结出公司的人才梯队，如图 8-4 所示。

① 第一梯队主要是部门中的可晋升人才。他们往往是公司的明星员工，具有较高的潜力和认真的工作态度，为公司作出了极大的贡献。面对这类员工，创始人和 HR 需要把晋升计划落到实处。这就要求创新创业公司必须有一套高效率的晋升流程，避免明星员工在漫长的等待中失去耐心，从而被其他公司挖走。

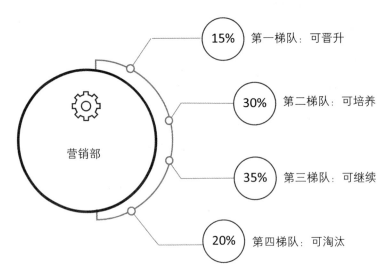

图 8-4　专业人才梯队型人才地图（示意）

关于晋升制度，不同的岗位有不同的晋升路线，但是有几点是共通的，创新创业公司需要格外注意。

一是晋升路线不宜过长。即使是像阿里这样的成熟大厂，也在 2023 年下半年宣布砍掉 P8 以上职级，趋于扁平化管理。因此，创新创业公司没必要设置过多的职级，否则员工将会为了更高的职级花费很多时间和精力用于汇报工作，导致实际执行力下降。

二是晋升标准要明确、具体、可量化。工作经验、专业技能、团队管理能力等最好能以清晰的数据指标衡量和展示出来。

三是要有切实且诱人的晋升福利。除了薪资、奖金外，职业培训、权力增幅、单独办公室等都是实质性的晋升福利，可以让员工感受到公司对其价值的认可。

四是准确把握晋升时机。创始人要在有充足的人才储备的前提下启动晋升工作，否则就会出现人才断层——员工都升到管理层，没有基层员工。这种情况在中小型公司中经常出现，创始人需要警惕。

② 第二梯队的员工具备较高的综合素质，业绩可观。最重要的是，他们忠于公司的利益，敢于拼搏。这类员工具有远大的目标，对自己的职业生涯有细致的规划。HR 需要为他们制定个性化的培训课程，为他们实现目标提供助力。此外，HR 还需要关注这类员工对公司的意见和建议，及时归纳总结并给出反馈，提升他们对公司建设的参与感。

③ 一般来说，第三梯队的员工分为两类，一类是具有专业工作能力，但发展空间较小的员工；另一类是具有较大的发展空间，但工作能力尚不稳定的员工。需要注意的是，"可继续"并非撒手不管，创始人和 HR 反而需要持续关注这两类员工，在其优势稳定的基础上，还要给予他们补齐短板的时间。

第一类员工往往已经掌握了专业的工作技能，能够熟练应对本职工作，绩效也十分优秀。但是，这类员工缺乏进一步发展的意向，安于现状。面对这类员工，HR 要提醒他们当前行业趋势，增加其危机感，从而促使他们主动学习新知识、新技能，不断提升自己。

第二类员工的工作经验不是很丰富，但愿意学习，不怕吃苦。针对这类员工，HR 既要向他们施加绩效压力，促使其快速提升工作能力，也要适当对其予以肯定，避免其因压力过大而产生恐惧心理。

④ 针对第四梯队的员工，创业公司需要从整体利益出发，及时辞退。

（3）继任型人才地图

继任型人才地图是对公司各部门管理层接班人的具体规划图，图8-5所示为示意图。

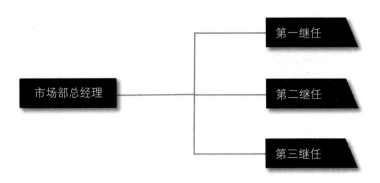

图 8-5　继任型人才地图（示意图）

担任管理岗位的员工突然变动，如辞职、部门调动等，往往会使公司内部人心浮动，甚至会给公司带来损失。为此，创始人和 HR 需要通过继任型人才地图，尽早培养各部门管理岗位的潜在继任者，以便在发生变动时迅速弥补岗位空缺，避免公司遭受损失。

继任型人才地图将继任人选分为三个梯次。第一继任是管理岗位的首选继任人，该员工已具备管理岗位所要求的全部能力，随时可以继任。第二继任是管理岗位的潜在继任人。该员工还有一到两项关键能力没有掌握，在经过系统性的培训后，预计 1～3 年内可成为首选继任人。

第三继任一般存在于人员基数较大的部门。这一梯次主要是部门中具有较大潜力的年轻员工，其成长速度有目共睹，不仅处理好上下级关系，还能指导实习生，预计在 3～5 年内可以往首选继任人方向发展。

具体到落实层面，除了必要的笔试、面试、培训外，HR 还需要定期与继任人选沟通。如果继任人选遇到困难或者有了新的意向，HR 要及时知晓，继而优化人才地图。

综上所述，绘制人才地图对创新创业公司的稳定和发展至关重要。通过人才地图，创新创业公司能够明确内部生态，及时查漏补缺。

8.3.4　国内某大厂的人才地图绘制

笔者曾经为国内某大厂第二增长曲线的业务（其中某一板块 A）绘制人才地图。在绘制过程中，我从业务情况、产品情况、组织架构三个方面入手，最后提炼出运营策略与人才画像。

（1）业务情况

在业务层面，笔者分析了该大厂整条业务线的发展历程、演变情况、盈利模式与财务情况，总结其业务矩阵。

就板块 A 的定位与功能而言，当时全国已有超过 300 个城市设立类似的数字服务中心，打破了线下服务 5×8 小时的限制，变为 7×24 小时。每天有超过 3% 的用户是在下班时间（18:00～24:00）通过数字服务中心办理业务，其中社保与公积金查询最受欢迎。而在当时的大环境下，用户已经习惯在线上办理数字业务。

作为该大厂数字生活业务的重要组成部分，板块 A 虽然没有盈利，但能带来稳定、持续的流量，为金融与支付业务赋能。

（2）产品情况

在产品层面，笔者着重分析板块 A 的两大竞争对手——应用 B 和应用 C。通过对两大竞品的定位、客户群体、产品功能与产品架构进行分析，笔者得出结论：B 的优势在于便捷，基本任务在 1～2 天内就能完成审核，同时聚焦用户体验，持续优化升级，特色专区亮点较多。

而 C 的优势在于全面、易找到。作为一个聚合各项政务服务的移动端平台，C 注重适老化设计，设计了移动端老年人服务专区。

（3）组织架构

组织架构是笔者分析的重中之重。我从团队架构入手，分析板块 A 业务的团队架构、核心人才、管理模式与人力配置。板块 A 的协作模式如图 8-6 所示。

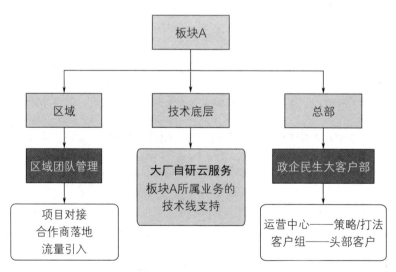

图 8-6　板块 A 的协作模式

在项目对接方面，区域团队管理的 BD（Business Development，商务拓展）人员一般会主动对接区域政务信息化项目，而大客户部负责对接头部客户与政府关系，特别难突破的政府关系需要联合属地 GR（Government Relations，政府关系）人员去攻克。有时属地 GR 人员发现商机，会将其推送给区域团队。

在平台接入方面，区域团队管理的 BD 人员会在与政府相关人员确认信息后，在当地找第三方公司负责功能实现与入口接入工作，此外也有少量的接入工作由业务总部的技术口负责。

接下来，笔者会对政企民生事业部和区域团队的核心高管、团队架构进行分析并得出结论。

政企民生事业部主要分为行业运营中心、行业产品部以及民生大客户服务部。其中行业运营中心主要分为交通、医疗、城市服务（政务与文体）三个业务板块。以城市服务行业运营中心为例，其核心职责是制定合作策略与行业报告，评估业务风险以及提供解决方案，交由 BD 落地执行。一般一个行业运营中心的人数在 50～60 人，涵盖业务风控与中台。行业产品部主要分为交通、城市服务、客户端引入与优化三个业务板块。民生大客户服务部主要根据细分行业，对接不同行业大客户。

关于区域团队，笔者着重分析其政企线的业务与人员配置。在业务层面，2020 年政企线 BD 的重点 KPI（Key Performance Indicator，关键绩效指标）是与各地政府的信息化部门合作推广板块 A，同时负责不同业务在区域的深耕与落地。政企线的 BD 负责制，决定了 BD 团队需要与第三方公司或自有开发团队沟通合作，推进项目落地，所以与业务总部的技术部门联动较少。

在人员层面，政企线分为华东、华南、华西、华北、华中、中西6个区域。以华南为例，政企线的BD共有50人，含5名外包员工。整个政企线的BD人数为300～400人，中部地区人员较多。而商业线BD比政企线BD数量少，上市前原本预计要增加一倍人数。区域团队管理共用三个中心，分别为数字生活PMO（Project Management Office，项目管理中心）（8人）、团队策略与管理中台（10人）、区域策略部（4人）。因此，区域团队管理中后台支持部门为22人。

为区域团队的BD人员绘制人才画像，主要包含以下五个方面的内容。

① 过往负责交通、医疗、政务、文体或To G（to Government，面向政府）业务。

② 懂业务，执行力强，相对激进，以结果为导向。

③ 跨部门协作能力强，擅长构建生态。

④ 较为年轻，级别不高，潜力较大，属于技术专家。

⑤ 整个BD部门流动性很大，平均在职时间为2年（期权释放50%就走）。

最后，我们回到板块A所属业务平台运营事业部的运营策略与人才盘点，明确板块A的运营本质。整个业务平台运营事业部共243人，平台治理团队31人，用户运营团队61人，用户产品团队57人，产品委员会2人，商家产品团队90人以及2位运营部的资深专家。通过人数可知，该事业部的核心是商家产品团队与用户运营团队。

用户运营团队主要对该业务所有用户的运营负责，核心工作是渠道联合与经济体联合，而板块 A 是其中一个流量入口渠道。渠道流量中心主要负责监控流量以及端口用户的平台行为。

包含在板块 A 内的所有政务相关服务，其最终的实现是以政府的政务信息化部门运营人员的操作为主，大厂及业务本身并无权限代办政务。

第 4 篇

创新创业公司的『HR 能力修炼』

第 9 章
业务认知：HR 必须懂业务

早在 2018 年，华为就拆解了人力资源部门，成立"总干部部"与原 HR 部门协同工作。当时任正非提出，HR 要为公司寻找英雄、领袖，鼓励员工冲锋，推动公司前进；HR 的价值就在于懂业务，必须多一些适应业务的构想。

而在 2021 年，字节跳动撤销了人才发展中心，给出的原因是：当前团队的定位与其积累的技能和经验，都与公司的需求脱节。字节跳动在内部邮件中提到，HR 部门，特别是 HRBP 要主动观察、思考、提出想法，为公司和业务创造价值。

在要求 HR 懂业务这方面，创新创业公司比成熟大公司还要严格。一个能够陪伴创新创业公司三年五载，助力公司往上走的 HR，他的综合认知应该是超脱于选、用、预、留人才这些基础性工作的。他要站在整个经济社会的大环境之上，结合丰富的财务、投资、技术知识，对公司业务发展提出自己的见解。他还要能识别创始人和联合创始人的特质和个性，成为他们的得力助手。

9.1 什么才叫"懂业务"

懂业务是一个比较模糊的概念。HR 懂业务，即 HR 能把业务思维运用于实际的人力资源管理工作中，给出的方案、策略能够切实有效地推动业务部门解决问题、提高效率，进而带动整个公司的发展。HR 不是公司利润的直接贡献者，但他是公司发展的"推手"，而只有懂业务，他才能发挥自己的专业优势，赋能业务发展。

9.1.1 不懂业务的 HR vs 懂业务的 HR

在讲解理论知识之前，我们先来设想几个场景，以此了解懂业务的 HR 与不懂业务的 HR 是如何开展工作的。

场景一：公司需要招聘一位前端开发经理，原因是现在的经理想回老家工作，方便照顾妻子和刚出生的孩子。新任经理需要有本科以上学历，有 3 年以上前端开发经验，带过团队，在互联网大厂（最好是上市公司）工作过；月薪 1.5 万元，下周就能来上班。

不懂业务的 HR：了解完以上信息，开始在各种招聘网站上"广撒网"。

懂业务的 HR：和业务主管继续沟通。

首先，他会了解现任前端经理的业内情况，包括能否采取一些特别的措施将其留下、他有没有推荐的人选、目前市面上哪些公司的前端做得好等。

其次，沟通具体的用人标准，包括能否放宽学历要求、可否考虑出身于二线以下城市互联网公司的前端人才、薪资能否调高或需求能否更低一些等。

最后，沟通岗位工作情况，包括当前前端的开发工作量有多大、前端经理需要解决什么问题、未来 3 个月公司产品的上线和改版工作是怎么安排的等。

场景二：公司有 100 多人，计划进一步扩大规模，需要细化现有的薪酬体系，使员工薪资待遇和职级职等相匹配。

不懂业务的 HR：找市面上的薪酬调研公司，根据公司现有员工的薪酬情况出具互联网薪酬报告，分出不同岗位的 25 分位、50 分位、75 分位等，确定职级职等，和公司现有员工一一对应，然后确定哪些员工涨薪、哪些员工降薪。

懂业务的 HR：薪酬调整能够对全体员工进行激励，进而提升全员工作效率，因而可以借此机会开展员工能力和绩效盘点。

在盘点的过程中，懂业务的 HR 会注意以下几点。

① 在梳理职级职等和薪酬情况的过程中，明确哪些员工需要清退、哪些岗位人才紧缺。

② 重新评估各部门人力成本，以公司业务战略为导向，优化资源配置。

③ 在对标市场薪酬数据时，一定要高度细分，确保数据取自和自己公司的业务、规模类似的公司。

④ 不同部门的业务要求有何不同？它们之间存在怎样的博弈关系？

⑤ 如何处理薪酬调整与期权的关系？二者有无互换的可能？需要采

用什么样的数学模型？

场景三：公司在几个月前刚完成一轮融资，未来计划向更多城市发展。领导想调整组织架构，使其更适合公司未来的业务发展。

不懂业务的 HR：先询问 CEO 的看法，了解他想分几个部门、几条业务线，以及具体想要如何配置员工。再询问各部门主管目前的人员情况，罗列好各项数据。基于上述内容绘制组织框架图，开会讨论，照章执行。

懂业务的 HR：通常会思考以下问题。

① 公司为什么会在这个时间点进行组织架构调整？目前业务发展到什么阶段？接下来的业务战略和落地步骤是怎样的？

② 过去的组织架构存在什么问题，如果保持不变，在未来业务发展中可能会出现怎样的问题？

③ 领导对现有员工存在哪些不满？人员冗余还是不足？员工结构比例是否合理？

④ 各部门现在的业务衔接流程是怎样的？哪些调整是必要的？重新划分职责范围会对各部门产生怎样的影响？利益格局将会发生哪些变化？

⑤ 组织架构调整方案要如何运作？调整后还需要面对哪些问题？

根据上述场景不难看出，不懂业务的 HR 只是按照已有的业务流程执行领导的指示，不关心最后的结果如何。而懂业务的 HR 能够透过现象看本质，无论是人才招聘、薪酬调整、组织架构调整还是员工培训，都会为公司的利益考虑。他们会确保自己的工作做完后能够切实地为公司的业务发展带来帮助，助力公司降本增效，而非单纯地执行领导指示，更不是纸上谈兵。

9.1.2 HR自检：懂业务的四大标准

所谓懂业务，其实就是明确四件事：第一，公司依靠什么赚钱；第二，公司怎么赚钱；第三，什么样的人才能为公司赚钱；第四，从哪里寻找这样的人才以及怎样培养这样的人才。围绕以上四个方面，笔者认为判断HR懂业务的标准有以下四点。

（1）明确行业价值链与公司定位

营销人员常用四情分析法、波特五力模型或者SWOT（Strengths，优势；Weaknesses，劣势；Opportunities，机会；Threats，威胁）模型进行市场调研，最终目的是理清公司目前的内外部情况，明确优势、劣势、机会和威胁。HR想要懂业务，站位就要高，要了解现在是什么行情、公司处于什么位置。

首先，HR要了解影响行业的外部市场环境，包含行业基础信息和行业趋势信息两部分，如表9-1所示。

表9-1 HR要了解的行业基础信息和行业趋势信息

行业基础信息			行业趋势信息
市场容量	市场格局	市场细分	
市场整体的价值、规模和发展趋势	行业内的竞争与集中情况，包括各品牌的区域分布、销售渠道、市场层级等	明确每个细分市场的代表性品牌和发展趋势	从政治、经济、社会、技术四个维度，分析行业关键消费指标产生变化的原因，也可以根据行业演进历史预判发展趋势

其次，HR 要了解敌情，也就是竞争对手的发展情况。在这方面，HR 主要了解那些与自己的公司体量相当但领先于自己的公司，分析它们的核心竞争力是什么。

最后，HR 需要了解公司的战略定位与核心优势，当前处于哪一发展阶段，供应链上下游公司有哪些，未来 3～5 年，公司业务方向会不会有所调整。

（2）明确内部价值链和组织模式

在明确内部价值链和组织模式方面，HR 需要深入了解公司业务的具体内容。下面将从中观到微观逐一进行讲解。

首先，HR 需要了解公司各项业务的占比，明确哪些业务贡献了大部分营收，哪些业务具有发展潜力，能够通过一定的扶持在未来变现。

其次，HR 需要了解公司主营产品从设计、研发、生产到销售的完整流程，包括涉及哪些跨部门工作流程，然后明确不同部门的衔接节点，了解它们的价值贡献点 / 关键绩效控制点。

（3）明确各部门关键职责和业务流程

HR 想要深入了解业务，就要了解不同部门的工作流程、岗位设置以及关键业绩指标，明确它们内部的职责分工以及员工是如何协同工作的。此外，HR 还要主动学习业务部门的专业术语，这是将来和业务部门沟通、建立信任关系的基础性语言。

（4）提炼并赋能组织的核心需求

在符合前面三个标准的基础上，HR 还要能够把人力资源战略和业务战略连接起来，赋能部门组织架构和员工。

① 部门组织架构。在审视各部门接下来的工作任务时，HR 要认真考虑是否需要调整岗位的职级职责、奖惩制度、考核标准以及员工的岗位。

② 关键岗位和员工。明确了公司的内外部价值链后，HR 就能更好地了解各部门的关键岗位，也就是那些对业绩起决定性作用的岗位。明确了这些岗位的人才要求，HR 就可以进一步确定什么样的人可以成为各部门的关键员工，明确他们可以从哪里来（外部招聘还是内部培养），以及应当采用怎样的管理和激励模式。

综上所述，HR 对业务的理解包含宏观、中观和微观三个层面。通过这种深入理解，HR 能够确保人力资源战略与业务战略高度契合，使自己的工作切实有效地赋能组织架构与业务发展，助力公司降本增效。

9.1.3　丰富渠道：多线收集业务知识

如果达不到上述标准，HR 要如何补足业务知识呢？HR 可以通过两类渠道——公司内部和公司外部来收集业务知识。

在公司内部，想要了解业务知识，HR 需要寻求业务部门员工的帮助。但是，业务部门通常时间紧、任务重，员工没有时间充当 HR 的"百科全书"。即使 HR 谦虚求教，也很难获得很多有价值的信息。

如果向业务部门求教的方法没有效果，那么 HR 就要从各种部门会议入手。例会、项目会、季度会、验收会、生产经营会等，HR 都要尽可能参加。会议纪要、项目文档、工作日志、工作总结等材料，HR 要想方设法获得，以此作为学习资料。通过参加会议和认真研读各种业务工作报告，HR 能够了解业务人员在日常工作中是怎样讨论、解决问题的，从而了解他们的思路、关注重点以及个人的行事风格。在此基础上，HR 还要争取实践机会，最好能从立项到结项，完整地跟进一个项目，以加深对业务的理解。

做完这些后，HR 可以和部门主管交流自己的感想，定期向创始人、高管汇报工作，判断自己对业务的理解是否存在偏差，明确接下来该往哪个方向努力。

在公司外部，HR 需要线上线下同时发力，拓展信息获取渠道。在线上，HR 可以查阅各大咨询公司出具的行业年度报告、白皮书等。虽然大多数咨询公司是综合性的，给出的报告覆盖多个行业，但因其专业背景和原始积累的差异，HR 在筛选时应优先选择在特定领域有深厚积累的咨询公司给出的报告。

例如，麦肯锡是一家综合性的咨询公司，其给出的报告涉及多个行业；BCG（波士顿咨询公司）主要针对医疗保健、金融、保险等行业；贝恩擅长零售、私募 / 并购等方面的咨询调查；科尔尼专注于供应链管理、工业品等领域；艾瑞咨询和易观国际主要针对 IT 技术、新媒体经济等领域；普华永道思略特和罗兰贝格主要面向汽车行业；致趣·百川主要聚焦 B2B 营销等。

HR 还可以关注上市公司对外公开的财报，或者从微信公众号以及各大招聘网站上查询到的竞争公司的最新消息，以获取更多行业资讯。

在线下，HR 要积极参加行业内的各种会议，如产品发布会、学术交流会等。如果行业内有各种协会或者公益组织，HR 也要积极加入，结交同行管理者，彼此互通有无。此外，HR 还要关注创始人的社交圈子，想方设法加入其中，然后和圈子中的一些行业大佬建立联系，获得与专业人士沟通交流的机会。

以笔者为例，作为一个在深圳打拼的安徽人，笔者作为联合发起人在深圳成立了徽商俱乐部"徽青荟"。这个俱乐部为在深圳打拼的安徽创业者们提供了一个互相帮扶、共同创业的平台。在类似这样的组织中，HR 能够和公司之外的投资人、管理咨询顾问等行业专家交流，快速收集一些专业的知识和见解。一些顶级 HR 都是通过各种渠道认识 VC（Venture Capital，风险投资）界的大佬，并与其建立良好的私交。在评估创新创业公司前景时，顶级 HR 不仅会和创始人、联合创始人深入交流，还会寻求专业投资人的帮助，让其从投资者的角度分析公司前景。

9.2　赢得业务部门的信任很重要

很多公司的业务部门对 HR 有刻板印象，认为 HR 不懂业务。早在 1996 年，《财富》杂志专栏作家托马斯·斯图沃特就发表了一篇名为《炸掉你的人力资源部》的文章。他在文章中提到，人力资源部无法明确他们对公司价值增值所做的贡献是什么，但是经常向其他部门提意见，告诉他们如何精减不能给公司带来价值增值的工作。无论如何，想要与业务部门携手共进，HR 仅依靠自己的努力是不行的，还必须赢得业务部门的信任，获得他们的帮助。

9.2.1　与业务部门对话，打破刻板印象

HR 要强化一种思维——我既不是管理者、监督者，也不是接受者、服从者，我的角色是业务部门的合作伙伴，旨在帮助业务人员解决问题，提高整体效益。

在与业务部门对话之前，HR 要尽自己所能，最大限度地了解业务知识，特别是要掌握一些专业术语。这样在和业务部门对话时，HR 才能听得懂、说得清，无须对方额外解释专有名词，既能节省时间，还能打破对方认为自己"不懂业务"的刻板印象。

HR 不要妄自菲薄，明确自己所拥有的理论知识、交际圈子和过往经验都是业务部门所需要的宝贵资源。因此，当业务部门有需要时，HR 要果断出手，贡献自己的智慧和力量。在自己擅长的领域，HR 要主动把握话语权，展现自己的专业性和价值，以赢得业务部门的认可和信任。

此外，HR 还要和业务部门主管建立良好的关系。在和业务部门对话之前，HR 可以将自己掌握的人才管理方法和工具整理成文档，在合适的时机分享给业务部门经理，帮助其更好地管理部门员工，提高部门工作效率。

HR 需要注意的一个小细节是，在和业务人员沟通时，HR 要保持微笑，即笑容不过于夸张或虚假，而应是真诚且充满期待的——期待对方和自己沟通。

只有做好以上几个方面，HR 才能和业务部门主管以及其他员工高效沟通，做好业务衔接，为业务部门贡献自己的价值。

9.2.2 明确业务的进展和问题

明确业务的阶段性进展，关键在于既定目标能否按期完成、过程中是否出现问题或潜藏风险。对于创业公司来说，后者的重要性大于前者。

前不久，笔者和一位机器人方向的创业者聊天，我问他 2024 年的计划是什么、KPI 是什么。他很惊讶地问我，创业公司为什么要有 KPI？他表示，现阶段他至多知道自己要从深圳去东莞，但要问他什么时候走、怎么去、走哪条路，他也不知道。

诚然，在我创业的这一年里，我深感创业没有 KPI，只有变化，每天睁开眼睛就忙着接收各种信息，整理、消化、吸收，然后快速做出决策——这个机会我要不要抓住？还要保证决策的速度和准确性。很多时候，我和我的伙伴们都很不适应这种变化，刚开完会，确定了各自的任务，突然又出现一个变数，打乱大家的计划。

作为创业公司业务部门的帮手，HR 在了解业务的阶段性进展时，不能仅关注 KPI 能否按时完成，还要了解当前业务部门遇到了哪些问题。很多时候，不是因为产生价值才去解决问题，而是解决问题才能产生价值，初创公司更是如此。

为了更好地了解业务部门的工作现状，及时发现并解决问题，HR 应建立业务进度汇报制度。下面是一个示例。

业务进度汇报制度

一、制定目的

为了更好地对业务进行管理，及时、准确地掌握业务目标的进展情况，特制定本制度。

二、汇报类型

业务进度汇报包括周汇报和月汇报。各汇报工作负责人应在每周周五之前向 HR 提交书面周汇报，在每月 28 日之前向 HR 提交书面月汇报。

三、业务进度汇报的主要内容

1. 周汇报内容
（1）各负责人负责工作的进展情况。
（2）当前遇到的困难和可实施的解决方案。
（3）需要上级有关部门协调解决的问题。
（4）下周工作计划。
（5）其他有关事宜。

2. 月汇报内容
（1）进度管理。
（2）安全管理。
（3）质量管理。
（4）技术管理。
（5）成本管理。
（6）需要上级有关部门协调解决的问题。

四、汇报要求

（1）各负责人在进行业务进度汇报时，应对汇报内容的真实性、准确性负责，杜绝弄虚作假。HR 将不定期对各项工作的进展情况进行检查，如发现负责人存在弄虚作假的行为，将视情节及后果轻重对责任人进行处罚。

（2）项目进度汇报应及时，在规定时间范围内完成汇报工作，如不及时进行工作进度汇报，将视情节轻重对责任人进行处罚。

五、本制度从颁布之日起开始执行。

对于建立业务进度汇报制度，HR 要和业务部门主管做好沟通，指定各小组汇报人，并共同听取业务汇报。汇报完成后，HR 要对全部的汇报内容进行汇总与分析。对于进度异常缓慢的项目，HR 要予以重视，明确进度迟缓的原因；对于其他正常推进的项目，HR 也要结合近期公司内外部环境，提出潜在风险，并与业务负责人沟通，共同商讨是否要调整计划。

9.2.3　解决业务部门的内部矛盾

在业务开展的过程中，业务部门内部产生矛盾的情况并不罕见。此时就需要 HR 充当润滑剂，在矛盾激化前及时采取行动，协调好部门员工之间的关系。

首先，HR 要对矛盾本身和产生矛盾的双方进行深入了解，明确矛盾产生的原因。很多时候，员工的综合素质，业务部门主管的管理方式、行事作风，公司的政策等都可能导致业务部门内部产生矛盾。HR 需要找到矛盾的"根"，否则做再多也是治标不治本。

了解了根本原因，该怎么化解呢？HR 可采取"搭场子"的方式，即创建合适的场合，如会议、聚会、团建活动等。借助这一机会，让存在矛盾的团体或员工相互沟通、充分表明自己的想法，然后共同寻找解决方案。

阿里巴巴有一个内部会议叫作"裸心会"，就是给员工提供一个敞开心扉、沟通交流的场合，鼓励员工畅所欲言，以增进彼此之间的信任，提高协同工作的效率。

比较经典的一次裸心会发生在 2000 年，当时阿里团队扩张到几十人，三个创始人晋升为管理者，而其他人还是普通员工。人员职级的变化加上沟通、见面的次数减少，团队内部出现各种误会和猜忌。创始人之一楼文胜就给当时阿里的最高管理者写了一封信，揭露了团队内部存在的问题。

接到信后，最高管理者意识到问题的严重性，立刻召集所有创始人开会。他表示，既然大家都有委屈、怨言，那么不妨开诚布公地聊一聊，想骂就骂，想哭就哭，不说完不许走。就这样，这场会从晚上九点开到凌晨五点，大家从创业初心聊到团队现状，把所有的意见、建议全都说了出来，经过这次沟通，团队信任得到进一步修复和加强。

笔者认识的一位 HRD，她之前是阿里政委。她告诉我，裸心会一般不超过 15 人，当然也不能太少，一两个人的话更适合面对面沟通。虽然裸心会的流程、注意事项都是公开的，但效果好与不好，关键在于 HR 的主持能力和对团队的了解程度。一位优秀的 HR 能够帮助团队成员迅速建立起情感连接，让每个人都能敞开心扉。

创业公司的 HR 可以从裸心会中汲取灵感。业务部门需要面对各种不确定因素，员工工作压力很大，很有可能会产生焦虑、迷茫等不良情绪。如果能搭建一个帮助大家打开心扉、畅所欲言的平台，很多矛盾就能通过沟通化解于无形，业务部门内部、HR 与业务部门之间也能建立更加紧密的联系，有助于组织的进一步发展。

9.3　修炼与业务部门 PK 的能力

在公司中，人力资源部往往最容易受到非议，背负很多骂名。"为什么调薪没有我""为什么晋升没有我""为什么要考核我"……公司资源是有限的，HR 只能利用这些有限的资源，在合法合规、符合领导要求的前提下，争取最大的和谐与公平，尽可能让所有人都满意。

很多时候，HR 与业务部门出现冲突是无法避免的，其中涉及利益与责任。对此，HR 要修炼与业务部门 PK 的能力，谋求冲突下的最优解。

9.3.1　僧多粥少：怎么分资源

创新创业公司的资源是非常有限的，所以不同业务团队之间的资源冲突会非常明显，有时是争夺优质人才，有时是不满资金分配，有时是要求调整办公位置……作为公司资源分配的执行者之一，HR 该如何开展分配工作呢？

（1）谁投入，支持谁

如果多个业务部门需要共同开展一项工作，HR 可以根据各部门在该项工作中的投入力度进行资源分配。需要注意的是，HR 最好能以实际数据为基准衡量投入力度，让各部门心服口服。

（2）询问"资源"

例如，对于人才配置的问题，HR 可以先询问人才本人的意见，再深入了解目前各部门的业务要求、岗位要求等，明确人力资源配置的依据。这一方法需要 HR 与目标人才进行谈话，同时要 HR 对各部门的工作流程、目标、要求有准确的认知，不能只将人才的意见当作挡箭牌。

(3) 部门 PK

HR 可以组织会议让各部门协商，让他们主动寻找解决办法。作为会议主持人，HR 需要了解与会部门的主要诉求，引导各部门理性讨论，然后汇总讨论结果，以共赢为最终目的，制定出让各方都满意的配置方案。

(4) 上报领导

如果 HR 感觉自己能力不足或不具备相关权限，一定要及时将问题汇报给有关领导。在汇报之前，HR 需要先总结已有事实，并拟定一个或多个解决方案，确保汇报内容简洁明了，协助管理层做出决策。

除了以上方法外，HR 还需要与各部门主管建立良好的关系，以便在问题出现时能够及时了解各方意见，从而游刃有余地与各部门交涉，为其提供合理的解决方案。

9.3.2 与"背锅"和谐共处

HR 真的很不容易，既要当好"面子"负责招聘，又要当好"里子"负责"背锅"。尤其是在与业务部门并肩作战时，一旦部门出现人才匮乏或业绩不佳的状况，HR 往往成为被指责的对象。

HR 能否完全避免"背锅"？答案是否定的。因为 HR 本身就处在三重人际关系网络中——各部门的横向关系、创始人和员工的纵向关系以及公司和外界的对外关系。在初创公司中，HR 要担任"传声筒"和执行人，还要和创始人密切配合，有时需要"唱红脸"，有时需要"唱白脸"。

既然"背锅"无法避免，那么 HR 不妨和它和谐相处。但要注意，HR 不要什么"锅"都"背"。很多时候，HR"背锅"的原因是业务部门员工的职责不明。当工作出现问题时，部门员工找不到明确的负责人，相互推诿，最终将责任推到 HR 身上。为了避免此类情况发生，HR 需要做好如下工作。

（1）做好管理人员的培训

HR 需要对业务部门的管理人员进行培训，让其树立起"我的团队我管理"的意识。在培训之前，HR 要先对部门指标的完成情况、人才配置、管理水平进行调研和梳理，拟定沟通提纲，和管理人员一起制定有效的培训计划和培训目标。这样既尊重被培训者的需求，提高其培训配合度，也能展现 HR 为培训工作付出的努力，万一将来"背锅"也能有辩解的依据。

（2）明确各方职责

一方面，HR 要明确自身的工作范围和职责。HR 再懂业务，在具体工作中也只是业务人员的助手，因此，HR 不要越俎代庖、干涉业务人员的工作，以免引发麻烦。

另一方面，HR 可以制定目标责任书，让员工明确自己的职责。笔者为大家提供一个模板，HR 可根据业务部门的实际情况进行优化。

业务部门季度目标责任书

根据公司该季度的总目标，并综合考虑市场竞争、历史业绩、产品实际情况等多种因素，同时，也是为了充分调动每位员工的工作积极性和工作热情，保证公司该季度的总目标能够顺利实现，在公平、公正、自愿的基础上，特别制定出"＿＿＿年第二季度目标责任书"，并在该责任书中明确每位员工的目标和责任。

一、目标责任人：＿＿＿＿＿＿＿＿＿

二、目标任务：＿＿＿＿＿＿＿＿＿＿＿＿＿＿＿＿

三、完成目标的时间期限：＿＿年＿月＿日—＿＿年＿月＿日

四、责任人应尽的义务

在签订季度目标责任书以后，责任人应该履行以下几项义务：

（1）把完成工作目标作为未来工作的重心，做好规划，勤奋工作，要尽自己最大努力完成目标。如果目前的模式存在问题，就及时改进，公司也将不定期地进行监督、考核。

（2）进行市场分析，及时向主管提交分析报告，为公司战略的制定提供有价值的依据。

（3）严格控制成本，做到不泄露公司机密、不违背职业道德，切实保障公司的利益。

（4）自愿接受主管、公司高层等管理者的监督。

（5）在完成目标的过程中，不得做与工作无关的事，不得从事工作之外的第二职业，不能损害公司的声誉。

（6）严格遵守公司的规章制度。

（7）严格遵守国家的法律法规。

五、考核目标的办法

各责任人应该按照工作目标安排好自己的工作。公司会成立一个或多个考核小组，对各责任人的工作进行考核。

六、奖惩方案

1. 奖励标准

（1）业务目标完成 100% 及以上，可获得业绩 5% 的奖励。

（2）业务目标完成 120% 及以上，可获得业绩 8% 的奖励。

（3）业务目标完成 150% 及以上，可获得业绩 10% 的奖励。

2. 奖励方式

公司提供现金、旅游、股份等多种奖励方式，具体的方式由责任人和公司协商决定。

3. 对于没有完成目标的责任人，公司要对其进行考核，根据考核结果决定是否对责任人作出处罚。

监督人：　　　　　　　　　　责任人：

　　年　月　日　　　　　　　　　年　月　日

195

(3) 帮助业务部门打开局面

随着对业务了解的逐步深入，HR 能够提出关于对业务方面的独到的见解，还能够和业务部门主管就工作开展、人员管理等问题进行讨论和分析。HR 要掌握一定的主动权，对业务风险进行预判，能够结合行业环境，主动向业务部门主管提出业务部门管理模式、人才培养等方面的对策。只有这样 HR 才能够在一定程度上避免"背锅"。

相关措施的落地可能会引起其他问题，对此，HR 要做好日常监控工作，及时发现次生问题并和业务部门主管沟通，灵活调整解决方案。

HR 需要牢记，业务部门的决策权在业务部门主管手里。HR 的职责是协助他们开展工作，打开局面，而不是代替业务部门主管承担责任。因此，HR 需要做好以上工作，划清职责界限，确保业务部门各级员工职责分明、高效协作。

第 10 章
自我修炼：陪伴创新创业公司走得长远

　　人力资源管理既是一门技术，又是一门艺术。特别是在创新创业公司这种内外部都充满了不确定因素的环境下，HR 要和创始人密切配合、分工协作。HR 要能承担起人力资源管理的重任，让创始人有更多的时间进行战略规划和资金筹措。一个能陪伴创新创业公司走得长远的 HR，必然拥有全面且专业的能力。

10.1　HR 必须掌握的三大能力

创新创业公司的 HR 需要频繁地和内外部的人才打交道。一方面，HR 需要为创新创业公司招来人、招对人。对此，HR 需要培养研究能力，主动获取各种信息，并快速准确地将其内化。同时，HR 还要有一定的感召能力，懂得利用自身与创始人的魅力，吸引公司急需的人才。

另一方面，HR 需要安抚住公司内的核心员工，让他们带好手下的员工，不断提升公司的竞争力。这就要求 HR 具有较强的对话能力。

10.1.1　研究能力

创业就像下海捕鱼，没下水之前，看起来鱼很多，很美好。下水之后，才能体会到水流湍急、水草缠绕，很难真正捕到大鱼。在创新创业公司中，创始人需要面对很多不确定因素，而 HR 同样面临很大的挑战。因此，HR 需要具备研究能力。具体来说，HR 不要被动地接收信息，而要主动寻找、收集、消化各种信息，最终形成自己的一套认知体系。

首先，HR 要有好奇心，这是 HR 进阶的关键驱动力。很多 HR，特别是出身于小公司的 HR，每天困于各种重复、琐碎的事务中，就像温水煮青蛙中的青蛙一样，逐渐变得麻木、僵化，丧失了工作积极性和热情。这样的状态无论是对 HR 自己还是对创新创业公司而言，都是非常危险的。

尤其是在当下的 AI 热潮越发高涨的情况下，HR 必须具备危机感，逼着自己去了解新生事物。笔者在人力资源领域深耕十几年，得益于和很多硬科技公司的合作，能够获取到 AI 领域的一些最新消息。

笔者从 2023 年年初开始做短视频，才做一年，文生视频 AI 大模型 Sora 就出现了。尽管能感受到科技给我们这些自然人带来的威胁，但笔者的脚步没有停下，依旧不断地搜集与 AI 相关的信息，继续探访创新创业公司，始终保持好奇心，目的是增强自己的"人味"。

笔者能够基于每个职场人的真实过往分析他的优劣势，结合他的家庭与子女教育规划给他提供未来职业发展建议。研究能力使我能洞悉这些已知信息背后的人生，这便是 AI 无法替代的"人味"。没有好奇心就不会主动研究，不研究就会被时代抛弃。

其次，除了好奇心，HR 还要提升自己获取与内化信息的能力，特别是要强化自己的信息差优势。笔者和大家分享一个"3101 原则"，即 3 个 10 和 1 个 1。

第一个 10 就是每天看 10 个 HR 专业领域的公众号，重点关注那些非常专业的财经新闻媒体。第二个 10 是一年看 10 本专业领域的书，争取一个月看一本，提高有效信息的密度。第三个 10 是每个月见 10 个人，多见人，才能获取多个信息源。

1 个 1 就是强化 1 个优势——信息差优势。信息差一致，但不同的人会做出不同的判断；同样一条信息，有的人能据此做出正确的决策，有的人就不能。这就是认知上的差异。

认知差就是人们看待事物的角度、深度的差异。认知差的提升比信息差的提升更为复杂，HR 要规划自己的提升路径——先学什么，后学什么，要有轻重缓急。用一句话来概括，就是"先专后广，一专多能"。如果 HR 不知道从哪里开始，不妨从公司现阶段的任务或问题入手。例如，公司扩张速度过快，引发新老员工磨合与文化融合问题，对此，HR 可以专注于组织文化研究，深入探索其内涵与影响。

"一专多能"意味着 HR 要围绕着"一专"发展多元化技能，而不能脱离初创公司对 HR 的需求。例如，HR 若专注于绩效管理，那么可以从绩效拓展到薪酬，进而思考如何以绩效、薪酬对员工进行激励，提高员工工作效率；HR 若专注于人才发展，那么可以把人才测评、课程开发、教练技术等工作整合起来，进行多元化学习。

10.1.2 感召能力

在创业公司从 0 到 1 的发展阶段，如果创始人是一个"I 人"（MBTI 人格测试中的内向、内倾型人格）时，HR 就需要站出来充当"孔雀""蝴蝶"，以吸引人才。这就需要 HR 培养感召能力，或者说演讲能力。

在校园招聘中，同样是做宣讲，有的公司之所以听众多，就是因为 HR 有感召能力，能把创始人的魅力、自己的魅力以及公司的魅力充分展现出来。

在招聘初期，HR 大多会去自己的母校、创始团队成员的母校或者某个实验室定向挖掘人才。虽然这些地方人数有限，但候选人和 HR 或创始人有情感连接，因此会比较信任 HR。基于此，HR 敢于把这类候选人引荐给创始人，让他们成为创始人的助手。

关于如何提升感召能力，HR 需要把握以下三点。

（1）肚子里有知识

首先，HR 需对公司有全面而深入的了解，包括公司的业务、定位、优势、愿景、使命、价值观等。同时，HR 还需掌握创始人的背景，公司的发展历程、未来发展目标以及当前行业的动态。这些信息不仅是 HR 招聘人才时的有力支撑，也是吸引人才的重要筹码。

其次，HR 需根据目标人群调整沟通策略。例如，在校园宣讲中，大学生往往更关注五险一金、薪资变化、成长空间、工作环境等问题，HR 应重点讲解这些方面，并通过互动和肢体语言吸引他们的注意力，激发他们对公司的兴趣。而对于定向招聘的候选人，HR 则应深入了解其基本信息、过往经历、未来规划，思考公司能否满足他的需求，最好能在沟通过程中与对方建立信任关系。

（2）保持激情和勇气

如果将创始人比作一个话筒，那么 HR 和他的团队就是"扬声器"或者"大喇叭"，要在关键时刻把创始人的想法放大、传播出去。因此，激情是必不可少的。HR 要做一个"E 人"（MBTI 人格测试中的外向型人格），把创始人的理念、想法打磨成生动、有趣的话语并传播出去，以吸引人才的注意。

同时，HR 要有勇气，要能豁得出去。没有人不希望得到他人的认可和赞赏，但创业面临的更多的是变数和拒绝。与其害怕被拒绝，不如把每一个变数都当作学习的机会，抓住它然后挑战自我。

（3）做一个利他主义者

辉瑞普强的 HRVP（Human Resource Vice President，人力资源副总裁）吕红是跨国公司中少有的华人女高管，她将自己的管理信条总结为：HR

首先是利他主义者。她在 2016 年出任辉瑞纽约总部 HRVP，领导 100 多位西方下属，而在当时技术专家云集的团队中，吕红并非技术出身。

上任之后，吕红先召开了为期两天的愿景共创会。然而，团队里的一位德裔技术人员听说新来的上司是一个东方女人，还不懂技术，立刻就要跳槽去其他部门，不想参加这个共创会。吕红知道后便主动邀请他，希望他以运行主管的身份代表部门出席。

在会上，吕红认真地倾听每一个人的发言，与大家一起憧憬和畅想未来的工作计划，让大家都感受到自己的才能被看见、被欣赏，每个人都产生了一种强烈的团队责任感与使命感，包括那位想跳槽的技术人员。

HR 的一个重要特质就是能成就别人，要让人才感受到被信任、有成长空间、能发挥才干。提升感召能力的关键之一就是做一个利他主义者，站在对方的角度思考问题，创造条件让人才绽放光彩。

最后笔者想说，没有输入就没有输出。就像提升人才审美一样，培养感召能力也需要 HR 见过足够多的人、经历过不同的场景。HR 可以观察有强大感召能力的同行，了解他们是怎样说话、办事的。HR 可以先从模仿开始，在实践中不断积累经验，逐步形成自己的一套方法。

10.1.3　对话能力

随着创新创业公司不断发展，公司里的核心人员基本能够确定。此时，HR 的 80% 工作可能都需要和这些核心人员一对一沟通。在沟通过程中，HR 可能是"保姆""情绪按摩师""程序员鼓励师"……HR 需要扮演很多角色，需要全方位照顾核心人员，让他们能够身心愉悦地带领好手下的员工。因此，对于 HR 来说，对话能力必不可少。

一方面，HR 需要具备一定的情绪敏感度，准确感受到沟通对象的情绪状态。在沟通过程中，沟通对象的话语、语调、肢体动作都能够表明他的情绪状态。HR 需要及时感知，判断沟通对象的真实情绪和目的，从而精准切入问题，提供解决方案。

另一方面，HR 需要主动出击，在公司内部建立多样化的沟通渠道。除了阿里裸心会，华为的民主生活会也有很大的参考价值。民主生活会既是茶话会，又是正式的工作会，现场准备了很多零食、水果，各项目经理需要在会上做月度工作报告，并安排下个月的工作计划。

民主生活会的一项很重要的议题就是批评与自我批评，与会人员逐个发言，围绕近期出现的问题，由浅入深分析原因。这种开诚布公的方式有助于各团队之间消除误会，增进感情，提高今后合作的效率。

在民主生活会上提出来的一些关键的待办事项，经过讨论后会形成决议。决议会成为华为 AT（Administration Team，行政管理团队）会议上的议题。如果民主生活会上的决议在 AT 会议上通过，就表明这项决议一定会落地，也会有相应的监管措施，从而确保民主生活会上通过的内容不是空谈，而是"掷地有声"，能够赋能组织发展。

当然，创新创业公司的 HR 不能频繁召开会议，但确实需要提供一个场合，鼓励员工说出心里话，这就考验 HR 的感召能力和事先收集信息的能力了。综上所述，对 HR 来说，研究能力、感召能力和对话能力同等重要，三者相互补充、相互促进，是创新创业公司 HR 必须掌握的三大能力。

10.2 协同领导力：当好创始人的陪练

创新创业公司的 HR 更像一个陪练，既要能领会创始人的意图，推动他的决策平稳落地，又要帮助创始人提升个人能力、发挥优势、补齐短板。此外，HR 还要学会在团队内拉拢更多的人支持自己，让创始人意识到自己的重要性。

10.2.1 精准领会创始人意图

由于不同公司的业务属性、发展阶段以及创始人的性格、能力、偏好等有所不同，所属 HR 的陪练工作通常也是不同的，没有统一标准。但有一点是共通的，那就是 HR 必须精准领会创始人的意图。

在接收创始人想法的过程中，HR 要做到清楚、全面和深刻，从而精准领会创始人话语背后的真实需求。

首先是清楚。创新创业公司中的沟通追求"短平快"，创始人布置任务时，HR 除了认真倾听和记下关键词外，还要当场确认不明确的词汇和问题，确保精准掌握创始人的真实意图。如果 HR 不提问，创始人就会觉得他理解了，在接下来的对话中很有可能忽略一些他本来想强调的细节。同时，一旦发现创始人的意图和现实情况存在矛盾，HR 要当场提出来，不能听之任之。

其次是全面。创始人给出的想法通常由多个要素构成，可能既有清晰的指令和短期的要求，也有模糊的想法和长期的目标，甚至还有一些在酝酿中的思路。因此，HR 需要具备扩散思维，把创始人的想法和当前工作、业务情况、政策规定等结合起来，明确创始人意图背后的"5W+2H"逻辑，如表 10-1 所示。

表 10-1　5W+2H

	What	Why	Who	When	Where
5W	要求是什么，目的是什么	为什么要这样做，能否不做，是否有替代方案	由谁来做	什么时候做，或者什么时机做最适宜	在哪里做
	How			How much	
2H	如何实施，如何提高效率，行动方案和具体步骤是什么			做到什么程度，怎么平衡投入产出比	

最后是深刻。创始人是在什么情境下作出的这个决策，他受到哪些因素的影响，如投资人的想法、联合创始人的想法、高管之间的博弈等。HR 要结合创始人最近的工作动态、工作日程，进一步明确决策背后涉及的重点问题。只有了解了这些，HR 才能响应创始人的需求，甚至影响创始人的想法，促使他调整决策。

10.2.2　引导创始人自我觉察

没有十全十美的创始人。一些 HR 为创始人设计系统的成长路线，帮助他们设计学习方案，或者尽己所能地联系各种大佬，尽可能地让创始人和他们产生连接。但这些举措更像培训，而不是陪练。

就像笔者做人才猎聘，找到人才并把他推荐给公司只是开始。人才进入公司，第一天、第二天要做什么，第一个月、第二个月要做什么，都需要我规划好，确保这个人才能落地、扎根在公司中。

作为 HR，当你面对一个有明显短板的创始人时，仅为他提供方法、手段是不够的，你还需要"穿针引线"，引导创始人自己觉察"我缺少什么""我需要补充什么"。

例如，创始人作出一个决策，HR 觉察到其中隐藏着风险，也许这些风险在当下不会立即显现，但可能会在决策实施的过程中逐渐显露。那么 HR 是直接开口说教，还是在成本可控、危险可控、舆论可控的情况下，让"子弹飞一会儿"——先用三天时间判断这个决策的危险性，然后用结果引导创始人，让他自己发现问题。

因此，HR 需要掌握一定的教练技术，通过欣赏、聆听和有效提问，引导创始人提升自我觉察的能力，让他自己找到问题。教练技术还能帮助 HR 调整心态，尽量避免以评判、说教的口吻与创始人对话。

关于教练技术，国内外都有许多系统的课程，完全能够满足 HR 的学习需求。对于 HR 来说，教练技术就是让 HR 把沟通的重点放在倾听和提问上，通过创始人的语言理解他的想法，感受他的情绪，探索情绪背后的原因，进而有效提问。

这就要求 HR 对公司的战略、业务、员工以及创始人个人情况有清晰的认知，把懂业务的方法论运用到与创始人的沟通中，全方位收集信息，通过有效的提问使创始人自己意识到问题所在、主动寻求解决办法。

10.2.3　号召员工，提高自身影响力

HR 的工作，核心在于对人心和尺度的拿捏。想要当好创始人的陪练，HR 还要学会在公司中号召更多的人支持自己，让创始人意识到自己的重要性。

提升影响力需要建立在 HR 恪尽职守、切实为公司员工解忧纾困的基础上，根本上还是要求 HR 对公司的业务、人才有深刻的了解，能够为组织和员工提出策略性建议。同时，HR 也要掌握一些额外的技巧。

一是抓住小团体中的关键人物。公司中的人际关系错综复杂，HR 需细心观察，了解哪些人关系紧密，哪些人更具有影响力。通过与关键人物建立联系，并争取他们的支持，HR 可以更有效地推动工作。

二是学会请外援，即巧借外力。面对一些专业性较强的事务，如果 HR 觉得自己的说服力不足，可以尝试邀请外界的投资人、专家等为员工提供一些建议。一方面，大多数人都有"外来的和尚会念经"的心理；另一方面，也能展现出 HR 拥有广泛的人脉，有助于提升 HR 的影响力。

三是掌握一些营销技巧。HR 可以把营销的 4P 理论（Product，产品；Price，价格；Promotion，推广；Place，渠道）应用于人力资源管理工作中，将自己的服务当成产品推销给员工。此外，HR 还可以通过线上或纸质问卷的方式，对员工进行满意度调查，了解员工对自己工作的评价。这一举动能够增强 HR 在员工面前的存在感，加深员工对 HR 的印象，进一步提升 HR 的影响力。

四是强势作为。全息时代是深圳一家主攻全息投影技术商业应用的创业公司，笔者与其 CEO 喻世杰聊天时，他告诉我，他对公司 HRD 的要

求是：要比老板更有决断力。在有足够的知识储备、数据支持的情况下，HR 可以展现出强势的一面，据理力争，这也有助于提升自己的影响力。

HR 的修炼之路永无止境，特别是在创新创业公司中，HR 更是创业者背后的"创业者"。希望本书能为创新创业公司的 HR、在职业道路上短暂迷茫的 HR 提供一些思路和启发，帮助大家不断提升自己，将 HR 工作做到极致，陪伴创新创业公司站得更高、走得更远。